SHODENSHA
SHINSHO

東大VS京大

〝実力〟を比較する

木俊詔

祥伝社新書

はしがき

1886(明治19)年に「帝国大学令」が出て帝国大学が誕生し、11年後に京都に新しい帝国大学が誕生して、それぞれが東京帝大、京都帝大と称《しょう》するようになった。日本の最高学府としてこの二つの大学は、研究、教育、人材輩出、社会への影響度の面からトップ大学として君臨してきた。130年以上にもわたりその地位を保持し続けたのは、驚異ですらある。イギリスではオックスブリッジ(オックスフォード大学とケンブリッジ大学)という名で呼ばれるエリート両大学があるが、日本でも東大・京大という言葉がよく用いられるように、日本を代表する大学となっている。

本書はこの両大学の設立の経緯から始まって、現代までの歴史を振り返って、なぜ指導的な大学になりえて、それを保持し続けた理由と現状を明らかにするものである。

とはいえ、両大学はライバルでもある。創設後に京大は東大のように官僚を多く生もうとして努力したがそれに失敗したことにより、東大に負けないようにと学問で勝負する方向に舵《かじ》を切った。これが戦前のライバル意識であった。その結果が「官僚養成校の東大」「ノーベル賞大学の京大」という別名でもあった。

大学は教授と学生から成《な》る研究・教育機関である。両大学にどういう学生が入学し、どのように勉学に励んでいる（あるいはいない?）、どういう教授が採用されて研究・教育に励んでいる（あるいはいない?）かを、かなり詳しく検証したのが本書である。そして学生が卒業後にどのような分野で働き、そして活躍しているかを統計資料を用いながら分析をした。活躍する分野においても両大学には差のあることを明らかにした。

公平に評価すると、両大学はライバルとはいえ、東大が京大よりやや一歩先んじている。たとえば入学試験の偏差値では東大が京大より少し上であるし、卒業生の活躍においても官僚、政治家（特に首相輩出度）、作家などの世界では東大が京大よりも上である。これらが京大関係者が東大に対して対抗心を抱かせる理由になったし、その反抗心がうまく作用して京大が東大を上まわった分野もある。その代表が文学、哲学、理学、医学などの学問の世界である。実はライバル関係に注目すると、二つのタイプがある。

第一は、両者はほとんど同等の地位を保っていて、優劣に差がないケース。イギリスのオックスブリッジであれば、オックスフォードが人文・社会科学にやや強く、ケンブリッジが自然科学にやや強いとされるが、両者はほぼ同位置のエリート校である。

第二は、東大と京大のケースであり、日本ではトップ2であるが、東大が京大よりやや優位にあるとみられている。その証拠として、東大関係者は自分がトップにある自負から か、「東大・京大」という言葉をさほど用いないが、京大関係者は「東大・京大」という言葉をよく用いる。しかしさすがに「京大・東大」とまでは言わない。

私学の雄である早稲田と慶應では、野球の対抗戦で早大は「早慶戦」と呼ぶのに対して、慶應では「慶早戦」と呼ぶ違いを知ってほしい。

第2位は第1位に対して強烈なライバル意識を持つが、これが京大の頑張る精神の源泉になっているかもしれない。あるいは第1位の東大に多少のおごりやゆるみがあるかもしれない。そのあたりの微妙な間柄を読み取ってほしい。

現代を評価すると、実は東大の地位も官僚、政治家、作家の世界で退潮の兆《きざ》しがある。むしろ学問での地位向上の目立つのが東大である。換言すれば、東大・京大は他の大学からの積極的な挑戦を受けており、むしろ日本の大学界は群雄割拠《ぐんゆうかっきょ》の時代に入っている感がある。両大学間の競争ではなく、上位の大学間の競争の時代といってもよい。

たとえ日本では東大・京大はトップにあるとはいえ、国際的な評価は低く、アジアにおいても他の国のトップの大学より低く見られている時代となっている。日本の大学の水準を上げるにはまずトップの東大・京大の変革が必要であり、本書が両大学を詳しく知るための資料となれば幸いである。

二〇一六年七月

橘木《たちばなき》 俊詔《としあき》

目　次

目　次

図版作成……篠　宏行

第1章　東大・京大の歴史

1　東京大学の歴史のはじまり

蕃書調所《ばんしょしらべしょ》

東京大学（以下、多くの場合は「東大」と略す）は、江戸時代の末期に、幕府政権の体制派内の学校として誕生した起源がある。現在まで多くの体制派に属する政治家、官僚、経営者を輩出してきた東大であるが、設立の起源も体制派内に求められるので、東大の歴史は一貫して体制派として存在し続けてきた。もっとも東大は反体制派で活躍する卒業生や教員も少なからず輩出しているのであり、体制派一色でないことも強調しておきたい。

江戸時代の体制・支配階級は当然のことながら徳川幕府であり、もともと幕藩体制は林羅山《はやしらざん》にはじまる儒教の一派である朱子学を基本として教えた昌平坂《しょうへいざか》学問所（昌平黌《こう》が正式名）で教えていた。そこでは支配階級（すなわち武士階級）にとって有利になる儒教思想や武士道を教えていたのである。日本における宗教と学校の関係については拙著『宗教と学校』に詳しい。反体制派は後になって明治政府をつくることになる薩摩や長州のようないくつかの雄藩であり、藩校で洋学を教えていた。

江戸幕府はペリー来航に代表されるような外国からの開国圧力や、いくつかの雄藩による抵抗に悩まされた。幕府内でも外国のことを知ったり、兵器・軍艦製造法、天文学、地理学を学んで内外からの圧力に抗《こう》するための組織をつくる必要があった。それが蕃書調所と呼ばれた学問機関である。そこではこれまで江戸幕府内で有力な学問であった漢学や国学、あるいは思想としての儒学ではなく、新しい外国からの知識や技能を吸収するための洋学が中心となった。

東京大学は、この蕃書調所（後に開成所《かいせいじょ》と称される）が一つの起源にあると理解してよい。洋学が中心の学校と述べたが、このことは後に、東大が西洋の学問を吸収して、それを日本の学界や思想界における主要学説にしたし、物理・化学・工学・医学などの西洋学問を日本の経済発展に役立つようにした。進んだ西洋の学問・技術を積極的に学び、そして輸入しようとしたのである。「和魂洋才《わこんようさい》」という言葉があるが、少なくとも学問・技術は西洋に学ぶという姿勢が強かったのである。

東京大学が洋学中心の学問機関になると述べたが、これは何も東大のみならず他の学問機関においても当てはまることである。東京大学より早く創立された福澤諭吉《ふくざわゆきち》の慶應義塾、あるいは東大よりも設立は遅れたが大隈重信《おおくましげのぶ》の東京専門学校（後の早稲田大学）における教育も洋学中心であったし、東大以降に設立された各地の帝国大学においても洋学が研究・教育の主流であった。したがって、日本の学問のかなりの部分が洋学に依存していたのであって、東大だけの話ではない。しかしなぜここで東大を強調するかと言えば、東大が日本の学問の中心校となったし、日本社会での指導者を数多く輩出したので、洋学の東大には格別の意味があるからである。

東大の歴史については『東京大学百年史』（1984～87）、寺崎昌男《てらさきまさお》『東京大学の歴史――大学制度の先駆け』などを参考にした。

医学所

もう一つの前史として医学所がある。この学校も、江戸末期に日本人を悩ませた天然痘《てんねんとう》の大流行を防ぐため、イギリス人のジェンナーが開発した種痘《しゅとう》という予防医学を行なう「種痘所」が起源となっている。1858（安政5）年に幕府は種痘所を直属の機関としたので、種痘所→医学所→大学東校→東京大学医学部の流れを汲む東大の前身の歴史も、体制側の組織を起源とするのである。天然痘だけでなく、他の病気の治療方法を学ぶ洋医学の研究・教育を医学所で行なうようになった。大阪にあった緒方洪庵《おがたこうあん》の適塾《てきじゅく》も重要であった。
　さて、医学所は大学東校と変わり、医学教育はドイツから何人かの医学者を招聘《しょうへい》して充実を図ることになる。有名なのは、ミュルレル、ホフマン、ベルツなどである。日本の洋学は、幕末開港以前は長崎が唯一の外国通商港として認められて、しかも欧米人ではオランダ人のみが滞留を許されていたこともあって、蘭学《らんがく》が唯一の学問といっても過言ではなかった。しかし、オランダの衰退と英米仏の興隆により、蘭学よりも英学への関心の移行が見られた。ただし当時の医学界はドイツの医学が最高峰にあったので、ドイツ人を招いたのであった。

東京大学の誕生と渡辺《わたなべ》洪基《ひろもと》

　1877（明治10）年に東京大学が誕生する。蕃書調所→開成所→大学南校→東京開成学校と名前を変えてきた学校と、種痘所→医学所→大学東校→東京医学校と名前を変えてきた学校の二つが合併したものである。前者は法学・文学・理学という三つの学問分野、後者は医学という専門分野の学校だったので、東大は法・文・理・医の学校としてスタートしたのである。

法・文・理の綜理（学長職）は加藤弘之《かとうひろゆき》、医の綜理は池田謙斎《いけだけんさい》であった。1881（明治14）年に二人の綜理が一人となり、加藤弘之が就任する。凡庸な総長だったとの評がある。後に東京大学は帝国大学令によって帝国大学となるが、そのときの初代総長（帝国大学の学長は総長と呼ばれるようになった）が渡辺洪基であるが、人によってはそれ以前の東京大学の綜理であった加藤弘之を初代学長と見なすべきとの声もある（このあたりの事情については寺崎・前掲書に詳しい）。

初代総長の渡辺洪基は、教育者でも学者でもなかった。当時の大学の学長（あるいは総長）は現在のように教員による選挙によって選ばれるのではなく、政府が選んで任命する人事であった。現在でも形式的には文部科学大臣が任命しているが、大学の選出した学長はほぼ自動的に文部科学省が受け入れている。もっとも最近では、教員による選挙は名目上のものとなり、選考委員会による指名が多くなりつつある。明治時代では実質的に政府が選出して任命していたのであるから、任命権をもつ文部大臣が誰であるかが学長の選任にあたって重要であった。

初代東大総長の渡辺洪基の選出は、当時の内閣総理大臣である伊藤博文《いとうひろぶみ》の手によってなされた。その理由は、「明治一四年の政変」によって大隈重信が失脚して東京専門学校を創設したが、大隈の政敵である伊藤博文は、東大出身者が政府に反抗を示さない人になってほしいという希望があった。下野《げや》した大隈重信が新しい学校において、反政府の行動をとるかもしれず、かつそのような学生を東京専門学校が育成するのではないかと恐れたのは事実であり、伊藤博文らの政府筋は政府に協力的になってくれそうな東大を期待したのである。

それにうってつけなのが、外務官僚を経て元老院議官、東京府知事などを歴任した渡辺洪基だったのである。その意味では東京大学総長は学者というよりは、むしろ政治色を帯びて選任されたのである。このように理解すると、東京大学が時の権力側に役立つ人を育てたいとしていたことがわかるし、それが東大卒業生の多くが官僚となる道を歩む遠因となったことは強調されてよい。

2　東京帝国大学の誕生

最初の帝国大学

東京大学は1886（明治19）年に帝国大学と衣替えするが、帝国大学となってはじめて「帝国大学令」という法令に基《もと》づいた日本の最高学府の地位を占めることになる。以前には法・医・工・文・理の五つの学校をもつ東京大学であったが、当初はそれほどのエリート校ではなかった。

たとえば司法省は法学校、工部省は工部大学校というように、自分の省庁の役人になる人の養成を行なっていた学校をもっていたので、これまでの東京大学卒業生がすぐさまエリート官僚になるわけではなかったのである。これら別の学校を卒業した人はその省の上級幹部職になる人だったので、むしろそちらの方がエリート校と言ってよかった。これまで格別のエリート養成機関ではなかった東京大学は、真の意味でエリートを輩出する大学に生まれ変わったのである。もっとも東京大学時代にあっても、医学校だけは非常に高い水準を誇っていたので例外である。

帝国大学は、法・医・工・文・理の分科大学（後に駒場《こまば》農学校の後身である農科大学校を吸収・合併）をもつ総合大学となったが、欧米の総合大学《ユニバーシティ》と異なる性格であることを述べておこう。それは、欧米では工科や農科などは大学とは別の高等教育機関で教育されていることによる。また商業・経済というもう一つの実学も他の専門学校や商科大学で教育されていた。いわばヨーロッパの総合大学では歴史的な経緯から、いわゆる法・文・理と医学といった純粋学問を中心にした研究・教育機関だったが、ヨーロッパの総合大学とは異なり、日本では実学も総合大学の中に入れて研究・教育されている点に特色がある。

ちなみに商業・経済に関しては、日本ではドイツでのベルリン商科大学のように東京高等商業学校（現・一橋大学）に代表されるように別の学校で教えられていたが、帝国大学は1919（大正8）年になってやっと法学部から独立した経済学部を新設している。したがって、国立大学では商業・経済系は、後の時代になってようやく総合大学の中に組み入れられたのである。

ついでながら、東大よりも創設の古い福澤諭吉による慶應義塾は総合大学ではなかったが、理財科（経済学）は重要な専攻科目であったし、他の実学も慶應義塾では教えられていたことを強調しておこう。官学と私学では実学への取組みの程度が、旧《ふる》い時代では異なっていたのである。このあたりの詳しい事情については、拙著『早稲田と慶応——名門私大の栄光と影』（以下、『早稲田と慶応』とする）を参照されたい。

官僚養成学校としての帝国大学

帝国大学が何を目指していたかといえば、「帝国大学令」の第一条に「帝国大学ハ国家ノ須要ニ応スル学術技芸ヲ教授シ及其蘊奥ヲ攷究スルヲ以テ目的トス」とある。国家に役立つ学問を研究し、かつそれを教育する場所であることを明確にしているのである。水準の高い学問を研究するとともに、それを学生に教授して、社会において高い貢献をする人物、すなわちエリートを輩出する学校として帝国大学の存在意義を求めた。

もっとも、高い水準の研究を謳《うた》ってはいるが、後に述べるように実態は教育に主眼をおいていた、と言った方が正しい。日本にただ一つしかない官立の帝国大学に、わざわざ条令まで設けて指導者の養成を主張したことから、伊藤博文首相、森有礼《もりありのり》文部大臣などの政府中枢部が強い国家をつくるための教育にいかに期待したかが伝わってくる。そのことを裏付ける証拠がいくつかある。

第一に、帝国大学の中にあるいくつかの分科大学校のうち、官僚を養成する法科大学校がもっとも重要で権威のある学校であるとした。法科大学校の学長は帝国大学の総長が兼任することになっていたことでそれがわかるし、ほかの文・理・工・医の分科大学よりも一段格が上という印象を与えるのに役立っている。

第二に、1887(明治20)年に試験による官僚登用制度が導入されたが、帝国大学の卒業生は無試験で採用という時期がしばらく続いた。明治政府は中央集権的な官僚指導によって、強力な国家をつくることを目指したが、それを担当する官僚は優秀でなくてはならなかった。試験制度の導入は、藩閥政治の中でこれまでの人材登用が薩摩、長州、土佐といった有力藩出身に偏《かたよ》っていたので、それを公平な人事制度にするためであった。

この登用策の変更は正しい政策であったと理解できるが、その具体的な策が帝国大学出身者の重用であった。難しい入学試験を突破し、かつ第一級の教育を受けた帝大出身者を官庁で採用したいため、無試験採用という策をとったのである。もっともこの無試験優遇政策は批判を受けることとなり、しばらくして廃止されることになり、いわゆる高等文官試験制度が本格的に導入されることになる。この試験においても東大出身者が圧倒的な数で合格者を出すことになる。

第三に、帝国大学は研究よりも、教育に重心をおいた方針をとったことを改めて強調しておきたい。確かに「帝国大学令」では研究と教育をほぼ同等の重要度で述べているが、実際には研究よりも社会に有為《ゆうい》なエリートを生む教育機関として、帝国大学を育てようと明治政府は企画していた。

その例として、天野郁夫《あまのいくお》『学歴の社会史―教育と日本の近代』には、1894（明治27）年に当時の井上毅《いのうえこわし》文部大臣が、帝国大学進学者のための予備教育機関である高等中学校を専門学校化して、法・文・工・理などの専門教育をそこで行なうことを考えたが、帝国大学側がこの案に猛反対したことが書かれている。

井上毅がそのような案を考えたのは、高等中学校を卒業してから帝国大学を卒業するのは学生にとっても時間がかかりすぎるし、公費の教育支出も多額になるので教育予算を節約するためにも、帝国大学への予備教育機関である高等中学校の段階での専門教育を終えるようにしたかったのである。

井上は帝国大学を研究中心、あるいは研究者の養成機関にするつもりであったが、帝国大学側が井上案に反対したことは、研究よりも教育を重視したいとの大学側の意思が確認できる。エリートを輩出する教育機関としての帝国大学を大学側は望んだのであるから、研究よりも教育を重視したと理解してよいのではないだろうか。

なおここで帝大法科教授が、官庁で重要な職務を兼務していたことを述べて、それゆえに研究がおろそかになりがちで、やっていたのは教育だけということを知っておこう。東大の法科大学教授は東京周辺に住んでいるだけに、政府の仕事に従事する機会が多かった。一部の教授は政府の中で行政職を兼務したり、かなり高い地位にいて幹部としての仕事に就いている人もいた。

潮木守一《うしおぎもりかず》『京都帝国大学の挑戦』には何人かの東京帝大・法科教授が政府内で要職を兼ねていた例が示されているが、一人だけ挙げれば十分であろう。たとえば梅謙次郎《うめけんじろう》教授は１８９０（明治23）年から１９１０（明治43）年まで法科大学教授であったが、同時に１８９１年には農商務省参事官、１８９７年には内閣法制局長官兼内閣恩給局長、１９００年には文部省総務長官という政府内での要職を兼務している。

他の教授の例はここで書かないが、これだけ政府の重要な仕事をしていれば、研究と教育の時間が少なくなること必至であり、東大法科教授の研究業績は劣っているだろうと容易に想像できる。また、帝大と官庁がこれだけ濃く結びついていれば、帝大法科生が官吏として採用される可能性の高いことは、官吏試験問題を準備する人に帝大教授が多くいただけでなく、人的ネットワークからも有利なことがわかる。

3　官僚養成校になる東大

官吏制度の生成

明治維新政府は「富国強兵《ふこくきょうへい》」「殖産興業《しょくさんこうぎょう》」の政策を実行するに際して、官僚の役割を重視した。どこの経済発展途上国においても、発展の初期段階では官僚の役割が重要であることは定説となっているが、日本の明治時代もそれに該当するのである。法制度、教育制度、企業制度、金融制度などの確立を図るために、官僚が先頭に立ってこれらの制度の骨格を作ることに期待した。これらを歴史的な視点から考察し、西欧諸国からいかに明治政府が学ぼうとしたかを知るには、山室信一《やまむろしんいち》『法制官僚の時代―国家の設計と知の歴程』が有用である。

鎖国時代を脱して江戸幕府は開国したが、明治新政府は欧米諸国との差が歴然としてあることを自覚し、欧米諸国の進んだ経済や技術を学ぶ意欲が強かった。そこで、外国からの吸収においても先頭に立つのは官僚であった。官僚の役割が非常に高かったので、優秀な人材を官僚に登用する必要があったのである。

優秀な人を登用するためには、官僚（当時は官吏と呼ばれていた）の地位を高くすることによって、魅力のある職業とする必要があった。聖徳太子の時代に倣《なら》って冠位十二階に似た位階制度によって高い身分を与えた。なお、江戸時代にもそれに似た制度はあった。明治初期の時代に、政府はどのように官吏をリクルートしたかといえば、当時は官吏登用試験が整備されていなかったので、政府高官自らが人材を探したり、あるいは有力者からの推挙を受けて面接したりして、一人ひとりを個別に縁故採用する方法であった。

もう一つ重要なことは、官吏登用試験に合格して採用された人の俸給《ほうきゅう》は非常に高かったし、昇進のスピードも猛烈に速かったことを忘れてはならない。このことが優秀な帝大の法科生にとって、官僚になることは魅力となったことは言うまでもない。

初代の内閣総理大臣となった伊藤博文が、1887（明治20）年に試験制度を導入して、新しい官吏登用策を採用する。前年の1886（明治19）年に官吏が高等官と判任官に分けられたが、高等官には勅任官《ちょくにんかん》と奏任官《そうにんかん》の区別があった。勅任官は官位が高く、一等や二等は次官や局長級に相当していたし、奏任官も三等から九等があった。奏任官の試験は「高等試験」、判任官の試験は「普通試験」と呼ばれていた。

帝国大学の優位

帝国大学の卒業生が無試験で奏任官に登用される制度は、帝国大学生用の官吏制度という印象を植え付けるのに役立った。すなわち「高等試験」が帝大卒業生に限って免除されるということは、正に帝国大学の優遇策であり、当然のことながら伊藤博文や森有礼は批判を受ける。

特に慶應義塾や東京専門学校（後の早稲田大学）、いくつかの法律学校という私学の関係者からの非難は強烈であった。官学への対抗意識である。特に早稲田では、「明治一四年の政変」において大隈重信が伊藤博文らとの抗争に敗れ下野しているので、権力側の象徴となった帝国大学と時の政権への批判が重なっていたことに注目しておこう。

私学の卒業生は試験を受けて合格すれば、官吏に登用されることは可能な制度になっているが、天野・前掲書によれば無試験の帝大生が予定のポストを全部埋めてしまうので、「高等試験」そのものが実施されない年があった。有名無実の官吏登用試験、との解釈が可能である。この事実も私学から批判されることとなったが、あからさまな帝大優遇制は1893（明治26）年の廃止まで待たねばならなかった。

4　京大の前史

京都大学の前身、京都帝国大学は1897（明治30）年に創設されたが、同地に第三高等学校の存在していたことが、京都に第二番目の帝国大学がつくられた契機となった。そこで第三高等学校の設立経緯から始めて、二番目の帝大が創設されるまでの歴史を見てみよう。これらに関しては京都大学百年史編集委員会『京都大学百年史　総説編』を参照し、他の文献も用いた。

舎密局《せいみきょく》から第三高等中学校へ

第三高等学校の前史は京都にあった学校ではなく、実は1868（明治元）年に創設された大阪舎密局が前身である（舎密とは、「化学」という意味である）。明治の新政府は大阪府知事の後藤象二郎《ごとうしょうじろう》、参与兼副知事の小松帯刀《こまつたてわき》らの建言により、大阪城の西側に新しい学校をつくろうとした。途中、後藤知事らの変心もあって東京につくるべきとの主張も起きたが、この大阪舎密局は紆余曲折《うよきょくせつ》の末に大阪につくられた。

大阪が江戸時代から経済活動の中心地であり、1867（慶応3）年には江戸の開成所（東大の前身）に匹敵する大阪開成所の構想があったことも影響している、さらに緒方洪庵の適塾（大阪大学の前身）による蘭学の伝統があり、長崎にあった長崎精得館分析窮理所《せいとくかんぶんせききゅうりしょ》を大阪に移転する案などが重なって、大阪に舎密局が誕生したのである。

1869（明治2）年に校舎が完成し、物理と化学が中心に教えられることとなった。生徒は13歳から25歳までと幅広い年齢層が入学し、入学金や授業料も徴収されていた。江戸幕府崩壊直後の混乱期なので、いろいろな経歴や素養をもった人が入学しており、学校での教育には大変な困難がともなったのである。

やっと開校した舎密局であるが、その後に学校名は頻繁《ひんぱん》に変更された。その理由と経緯までここで詳しく知る必要はないので、ここでは省略するが、最後は大学分校となる。

1885(明治18)年に発足した日本で最初の伊藤博文内閣のもと、初代の文部大臣に就任した森有礼は、矢継ぎ早に「帝国大学令」「小学校令」「中学校令」「師範学校令」を公布して、日本の教育制度の基礎をつくった。ここでの関心は「中学校令」である。各府県に一校の尋常《じんじょう》中学校をつくることと、その上に全国五カ所に高等中学校をつくることが柱であった。先に開校したのは、東京大学のもとにある大学予備門を引き継ぐ第一高等中学校、大阪の大学分校を改組した第三高等中学校であった。

1886(明治19)年に大学分校は第三高等中学校と改組されたが、教育組織や体制はほとんど大学分校と変わりなかった。外国語の履修と、法・工・文・理の諸科目、そして医学も教えられた。翌年には定員も定まり、本科(二年修了・入学者は尋常中学の三年次修了生)・予科(三年修了・入学者は尋常中学の一、二年次修了生)の合計で1150名、医学部400名という合計1550名の大世帯であった。

入学者の数は少なく、定員充足率は45%前後という低さであった。1890(明治23)年に法学部150名、医学部薬学科100名の定員が加わった。相変わらずの定員割れだったので、入学試験は実質的になかったので、それほど質の高い学校ではなかったと言えよう。

京都移転の経緯

大学分校時代に校舎移転が企画されていたが、第三高等中学校になってから1886(明治19)年に京都への移転が決まった。文部大臣・森有礼の意向もあったとされているが、実質的な理由は京都府が強力な財政負担を申し入れたことにある。総工費16万2500円かかるところに、京都府は10万円の寄付を申し出たのであるから、わずか4万円の自己資金しかない文部省にとっては、巨額の寄付金はありがたかったのである。なお京都府内の場所としては、現在の京大が位置する吉田山の麓《ふもと》が移転先となった。

この寄付金の申し出は、当時の京都府知事・北垣国道《きたがきくにみち》の勇気・剛腕をもってなされたことであるが、京都府議会での採決は賛成32、反対30といううきわどいものだった。ちなみに10万円という額は府税収51万円の約2割弱なので、いかに大胆な京都府の決定であったかがわかる。また北垣知事は、工部大学校（後の東大工学部）出身の若手技師・田辺朔郎《たなべさくろう》に命じて、琵琶湖疏水《びわこそすい》を建設し、水を琵琶湖から京都市に引き入れて、上水道の供給と京都市の蹴上《けあげ》にある水力発電の水源としたことでも有名である。

なぜ北垣がこのような学校誘致や疏水工事を実行したかといえば、明治時代になって天皇が京都から江戸（東京）に移ったことにより、公家をはじめ商家・工業家の人々が江戸に移り、京都の人口が減少し、産業も衰退したからである。学校建設や土木工事によって、経済活性化を図ろうとしたのである。特に第三高等中学校の誘致は、三高・京大への発展へとつながり、後に京都が文京都市として生きていくための基礎をつくったのであり、特筆されるべき人物と業績である。

京都移転には他にも理由がある。それは大阪が京都への移転に反対運動をしなかったことである。財政負担の大きさを危惧《きぐ》したことに加えて、大阪人には教育よりも商売に価値を見出す人が多いので、大阪は教育投資をしない地域で嘆かわしいという指摘が橘 静二《たちばなせいじ》により記されている、と竹内洋《たけうちよう》『学歴貴族の栄光と挫折』で紹介されている。

筆者から言わせれば、経済を強くするには人の養成、すなわち教育が重要と思うが、当時の大阪人にはその思いはなかったようだ。しかし、三高・京大出の人が後に大阪の企業で働くことを考えれば、京都の負担で人材を養成させ、大阪で雇用できたのであるから、大阪人は賢明な選択をしたとも解釈できる。経済学の言葉を用いるなら、大阪は人材育成のフリーライダー（ただ乗り）に成功したのである。

関西には古くから次のような言葉がある。「京都で学んで、大阪で働き、神戸（あるいは阪神間）に住む」。いい学校で学び、いい会社で働き、いい環境の場所に住むというのが、理想の人生であった。明治時代からこの言葉を実践するような動向が、教育都市としての京都には第三高等中学校の京都移転や同志社の創立によってあったわけで、あながち非現実的な言葉でないことがわかる。

もう一つの理由は、竹内・前掲書が指摘するように、10年以上も前の1875（明治8）年に、すでに京都で新島襄《にいじまじょう》が同志社英学校を開校していたので、京都には学問・教育を重んじる雰囲気が存在していた、ということも見逃せない。官立である第三高等中学校の京都移転は、意外と問題なく、しかもかなり広大な敷地と豪勢な校舎が用意できたのを知るにつけ、官立（国公立）と私立の学校創設や経営の違いに差があることがわかる（なお学校教育における公立校とか私立校の違いについては、拙著『灘校―なぜ「日本一」であり続けるのか』、『学歴入門』で詳しく論じられている）。

第三高等学校の誕生とその特色

1886（明治19）年に東京大学は帝国大学と改称され、唯一の帝国大学に学生を送るための大学予備教育を行なう学校として、高等中学校（後の旧制高等学校）が誕生する。1894（明治27）年に「高等学校令」が公布され、京都の第三高等中学校も第三高等学校と改組される。京都での高等中学校ではすでに述べたように専門科目が教育されていたので、三高では修業年限四年の専門学部（法、医、工）と修業年限三年の大学予科の二頭建ての学校となった。

他の旧制高等学校と異なる三高の特色は、他の高校が専門学部は医学部だけに限定し、大学予科が中心だったのに対して、三高は法学、工学などの専門学部をも含んだ高校となったことにある。しかも三高での大学予科の規模は非常に小さく、専門学部の方が大きかった。この三高の特色は近い将来、すなわち1897（明治30）年に京都帝国大学が創設される布石となっていたのである。三高がすでに法学、工学などの専門教育を行なっていたので、新しく創設される京都帝大で法学、工学などの教育をスムーズに開始できたと言える。

たとえば、建物、実験器具、教員の採用や書籍の調達が近隣からなされるので容易となるし、現に京都帝大は三高の隣りの地に創設されるのである。ついでながら、第三高等中学校、あるいは第三高等学校の関係者の間で、京都にも大学を創設すべし、との声が当時から上がっていたことを補足しておきたい。

1894（明治27）年9月の三高開校時の在校生数は、法学部77名、医学部393名、工学部97名、大学予科44名、合計611名という構成であった。これに関して、三つの特色を指摘しておきたい。

第一に、医学部が在校生の約3分の2を占めており、明治初期、あるいは中期の時代においては医者の養成が急務であったことがわかる。第二に、これは東京帝大においても同様ではあるが、工学部の存在である。ヨーロッパの総合大学において工学は教育されておらず、それは別枠の工科大学や工業専門学校での役割であったのに対し、日本では工学が高等教育の中で中枢の地位を占めていたのである。第三に、確かに予科の学生数が少なかったが、これらの学生は東京帝大への進学予備生であった。

1897（明治30）年に京都帝大が創設されたことによって、三高の専門学部は徐々に廃止されることとなり、三高は大学予科が中心となる。東京に第一高等学校が存在し、一高→東大のエリート・コースが形成されつつあったが、大学予科としての京都の三高にはどのような特色・校風があったのだろうか。

東大対京大の対比がよくなされるが、一高対三高の対比もよくなされるので、一高との比較を行なうことは興味のある点となる。戦前に「一高・三高戦」という対抗戦があったので、両校は早慶戦のようなライバル校でもあった。

三高の校風を語るとき、竹内洋は三高生の出身階層をとりあげている。各高等中学校(旧制高校の前身)における生徒の出身階層のうち、士族の占める比率は次のとおりである。第一高等中学校(1887年)は60%、第五高等中学校(熊本、1888年)は77%、第四高等中学校(金沢、1889年)は71%であったが、第三高等中学校(1891年卒業生)は37%の低さであり、平民出身が多数派であった。

士族出身者は礼儀正しく秩序を重んじる性格をもっていたが、平民出身者は服装や振舞いにこだわらず、しかも自由を重んじる気風が強く、悪く言えば無秩序を尊ぶ気風がある。三高・京大生の自由を尊重する雰囲気の起源はこのあたりにありそうだ。

自由な学風も、裏から見れば無秩序という解釈も可能、と竹内洋は指摘している。たとえば旧制高校では高校対抗戦がスポーツの分野などで行なわれたが、三高生は団体行動やチームプレーが不得手、組織で動いたり組織のトップになる人を生み出せない、といったことで他の高校から批判を浴《あ》びている。これを逆に見れば、個人のイニシアティヴで独自の行動をしたり、独創的な仕事をする人を生む雰囲気が三高にあるとも解釈できる。これは後に述べる京都大学における独創的な学問、という特色の下敷にもなっているのである。

5　京都帝国大学

現・京都大学は、戦後に第三高等学校が京大教養部（後に総合人間学部となる）となり、京都帝大が専門学部と大学院となって誕生したのである。この東京帝大に次ぐ第二番目の帝国大学はいかなる経緯で誕生し、どのような発展を遂《と》げたのであろうか。

京都帝国大学の誕生

１８９７（明治30）年、東京帝大の創設から遅れること11年後に、第二番目の帝国大学が京都に創設された。なぜ京都に第二番目の帝国大学がつくられたのかが、ここでの関心である。

第三高等学校は大学分校と呼ばれた時期があったが、この意味することはまさに大学の「分校」なのであり、大学が本来存在してほしいという願望が込められていたのである。当時東京にはすでに東京大学があったので、将来関西にも大学を創設することを念頭におきながら、大学分校という名前にしたと理解されるのである。

この希望は時代が進んでも生き残り、1891（明治24）年に自由党の衆議院議員・長谷川泰《はせがわたい》は、「学問の進歩のためには、東京のみならず関西にも帝国大学の設置が望ましい」という進言を、大木喬任《おおきたかとう》・文部大臣に提出している。翌年には京都選出の衆議院議員・石原半右衛門《いしはらはんえもん》らの賛同を得て、同じような建議を今度は衆議院に提出した。しかし審議された形跡はない。ちなみに長谷川泰という人は、新潟出身の医師で、医学校を経営していた人物である。

この建議が議会・政府でどう扱われたかよりも、むしろその内容の方が重要である。「なぜもう一つの帝大が必要かと言えば、東京にある唯一の帝国大学は他に競争者がいないために、先生も学生もその特権的地位に甘んじており、研究・教育に怠慢になりがちだから」というものである。この内容は潮木・前掲書でも強調されており、東京帝大を特権的地位に安住させせないためにも、新しい帝国大学が必要と主張したのである。

「京都大学」という名前が最初に用いられたのは、文部少輔（次官の下の職）に昇進していた九鬼隆一《くきりゅういち》が、1891（明治24）年に起草した「京都大学条例」とされている。慶應義塾出身の九鬼隆一は官僚の世界における東大閥の中で、文部官僚として私立大出身ながら異例の出世をした人であるが（拙著『早稲田と慶応』で九鬼を論じているので参照）、九鬼が京都大学の創設を念頭において文章を作成していたことに因縁を感じる。もう一つの因縁は、隆一の息子である周造《しゅうぞう》が、後に京都帝大の哲学教授となることである。

もう一人の貢献者は、石原半右衛門である。「西京大学校設立意見」という演説を行ない、京都は静かな街であり、学問の府にふさわしい特質をもっているし、歴史と美術を誇る上に資料も豊富にあるとして、京都での新大学創設の必要性を説《と》いている。

これらの大学誘致運動を最終的に成就させた人物は、西園寺公望《さいおんじきんもち》・文部大臣である。西園寺は京都生まれの公家育ちの政治家であり、立命館の創設に関係する人物であるが、京大の誕生にも大きく関与しているのである。京都への思いが大きいことが役立っている。日清戦争中の1894（明治27）年に第二次伊藤博文内閣の文部大臣となり、第二次松方《まつかた》正義《まさよし》内閣においても文相として留任し、京大創設に動いたのである。このことは1895年に議会で承認され、翌々年に京大が開校する。

西園寺文相が京都帝大、特に京大の法科大学に期待した点は特筆に値するので、ここで述べておこう。「京都は政治の中心から離れているので、自由で新鮮な発想から真の学問を探求する学府となってほしい」という希望が述べられている。裏を返せば、東京帝大の法科教授は、学者の身でありながら政府の中枢に出入りしているし、中には役人として重要な地位を同時に兼職している者もおり、政治と行政に時間を奪われて学問をしていない、という批判があったからである。

たとえば1903（明治36）年の読売新聞では、斬馬剣禅《ざんばけんぜん》（おそらく筆名）と称する論者は「東京帝大教授は行政官吏を兼ねながら、学生に自説を信じることを強要するような講義を行なっている」と批判文を載せている、と潮木・前掲書で紹介されている。役所での出世を望む拝官主義、あるいは功名心に駆り立てられた東大教授の姿が批判の的になったのである。このようになってほしくないという願望を込めて、京大では真の学問探究が期待されたのである。これら西園寺や斬馬の所説は、後に京大と東大の関係を語るときに重要な点なので、強調するに値するところである。

1897（明治30）年に創設された京都帝国大学は、法科、医科、文科、および理工科の四分科大学から成っているが、これまで唯一の帝大であった帝国大学は、京都帝大の創設と同時に東京帝大と改称された。俗に言う、東大・京大時代の幕開けである。

初代総長・木下広次《きのしたひろじ》

京都帝大設立時に関しては、大学幹部の人事が興味深い。帝大新設の創立委員として、牧野伸顕《まきののぶあき》（文部次官）、木下広次（文部省専門学務局長）、永井久一郎《ながいきゆういちろう》（文部省会計課長）、折田彦市《おりたひこいち》（第三高等学校長）の四名がいた。新しい帝大は文部省の主導の下につくられたことを物語っている。

そのことを如実に示すのは、初代総長に木下広次が指名されたことである。地元の京都教育界に貢献し、大学設立に尽力した三高の校長である折田ではなく、木下が選ばれたのは、当時の帝大総長は政治選任の色が濃厚だったからである。初期の東大総長の選ばれ方についても同様であったことはすでに述べた。

興味深いのは、西園寺公望と、新総長・木下広次、あるいは京大書記官に任命された文部省参事官・中川小十郎《なかがわこじゆうろう》との関係である。書記官とは今でいえば事務総長に相当する。

まず西園寺と木下の関係であるが、西園寺は若い頃にフランスに9年間も留学したことは有名であるが、木下も4年間パリ大学に留学しており、滞在期間が重なっているのである。日本人がまだそれほど多く外国に滞在していない頃に、パリで会っていることはほぼ確実であり、同邦の誼《よしみ》で旧知だったのである。

西園寺と中川の関係はもっと濃密で、西園寺が戊辰《ぼしん》戦争の際に丹波《たんば》地方での本陣を構えたとき、中川の父が勤王郷士集団の統率者の一員であったことから、西園寺と中川の父は上司・部下の関係だった。中川小十郎は東京の第一高等中学校から東京帝大法科を卒業しているが、なぜ両人の関係が重要かといえば、中川が西園寺文相の肝入《きもい》りで新しくできた京都帝大の書記官になったことに加えて、後に中川は西園寺の私塾であった立命館を引き継いで、実質的な創設者となるからである。

なお中川は西園寺文相のときに、大臣秘書官になっているので、両者の関係には密なものがあることがわかる。ついでながら、中川は第一次西園寺内閣において首相秘書官もしている。

木下と中川の関係は、木下が第一高等中学校の校長と帝大教授を兼務する文部官吏だったので、中川が帝大を卒業して官吏になろうとしていた頃に、中川を誘って文部省に入省させたのである。木下と中川の関係にも濃密なものがある。これらのことを知るにつけ、京都帝大創設期の西園寺、木下、中川の三名は昔から人間関係が濃く、それが京大創設に役立ったことは否定できない。

木下は1907（明治40）年までの10年間にわたって、京大総長を務めることになる。教育者、学長としての職務には一定の評価を受けており、特に四分科大学を整備したこと、人格は虚礼虚飾を嫌う素朴さを持つこと、体育教育を奨励したことについては評価が高い。しかし後に述べる法科大学のゴタゴタの処理については、さまざまな意見がある。

最後に、四つの分科大学について、それぞれ一言だけ述べておこう。理工科大学については、最初は土木、機械の両工学科でスタートしたが、すぐに数学、物理、化学、電気、鉱山、冶金などの学科がつくられた。法科大学はいろいろな問題を抱えることになるので、以降に詳しく叙述する。医科大学は教員の多くを京都府立医学校（現・京都府立医科大学）からスカウトしたので、両校の関係は悪くなった。現在でも京都府立医大と京大医学部はライバル関係にあるし、お互いに相手を意識して京都医学界と医師の世界を二分している。

文科大学は通常の哲学、歴史学、文学の科目に加えて、心理学と地理学の創設が京大の特色であった。さらに、すでに述べた「京都大学条例」を起草した九鬼隆一の好みにより、東洋学を重視する方針をもった。東洋史、中国哲学・文学、アジア学などに特色のある京大の学問は、九鬼隆一に源流があると言える。

6 京都帝大での教育・研究

創設当初の屈辱と人材育成

京都帝大のつくられた頃は、法、文、医、理工の四分科大学から成っていたが、最初に創設されたのは1897（明治30）年の理工科大学であった。二年後に法科と医科大学が創設されたのであるから、二年間は理工科大学だけであり、しかも土木工学と機械工学の二学科のみであった。屈辱は新入生の動向に関することで発生した。

詳しい数字などは拙著『京都三大学　京大・同志社・立命館　東大・早慶への対抗』に譲るとして、京都帝大の理工科大学の入試に合格した学生のうち、ほぼ三分の一の学生が東京帝大に入学したのであった。東京帝大工科大学は工部大学校以来の伝統を誇っていたし、卒業生の活躍もよく知られていたので、創立されたばかりで海のものとも山のものともつかない京都帝大の理工科大学への入学に、不安を感じたのもうなずける。この屈辱は戦後になっても再発したのである。

機械工学科の設立当初の教授４名は、全員が東京帝大の卒業生である。東大卒で占められていたことは屈辱でも何でもない。当時は東京帝大しか存在していなかったからである。しかし１９００（明治33）年の京都帝大・機械工学科の第一回卒業生で優秀な卒業生である堀覚太郎《ほりかくたろう》は、大学を卒業した年に助教授となっている。後に教授を経てから、エレベーターの専門工学を生かして、エレベーター会社の役員になっている。当時から優秀な学生を京大が入学させていたと言える。その後、理工科大学の教員には、徐々に京大出身者が増加していくのである。

設立当初の機械工学科教授・朝永正三《ともながしょうぞう》の弟は、京大哲学科教授の三十郎《さんじゅうろう》であり、その息子が後に紹介するノーベル物理学賞受賞者の朝永振一郎《しんいちろう》である。東京帝大出身の朝永正三・三十郎の兄弟はそろって京都帝大教授になっているのであるが、その子息は京大を卒業して高名な学者になっているのである。このことは後に述べる湯川秀樹《ゆかわひでき》、貝塚茂樹《かいづかしげき》、小《お》川環樹《がわたまき》という京大を代表する学者の父親が、東京帝大出身の京大教授・小川琢治《たくじ》だったこととまったく同じであり、京大における学者輩出の一つの大きな道筋となっていることを理解してほしい。

法科大学での教育と研究

理工科大学から遅れて二年、1899（明治32）年に京大に法科大学が設置された。法科大学の教授陣は、機械工学科と同様にほぼ全員が東京帝大出身であった。表1－1は、1903（明治36）年における京大法科大学の教授の出身大学、卒業席次、留学先などを示したものであるが、ほぼ全員（二人を除いて）が東京帝大出身者である。例外の二人はドイツの大学と東京外国語学校の卒業者である。

この表で特徴的なことは、まず東大での卒業席次がきわめて優秀であることだ。昔の帝大教授には学業成績の優秀者がなっていたのである。次に、全員がドイツ、フランス、イギリスなどに留学していることであり、これは当時の日本の学問は輸入学問であったことを示しているとともに、海外留学は帝大教授になるための条件ですらあった。国は若い学者が海外で研修するための資金を、多く支出していたのである。

東大と京大における法科の教育・研究の

留学	
留学先	期間
独、仏	1899.7－1902.8
独	1885.　－1891.1
独、仏	1896.4－1899.8
仏、独	1896.4－1899.8
独、仏、伊	1896.4－1899.8
独	1884.　－1899.8
仏、独	1899.6－1902.5
独、英	1896.　－1900.3
独	1897.6－1900.8
独、英	1897.6－1900.12
独	1897.7－1900.12
独	1897.7－1901.2

表1－1　1903年（明治36）における京大法科大学の教授陣

	生年月	大学		
		卒業年月	出身大学名	卒業席次
岡村　司	1866.12	1892.7	東大、仏法科	25名中7番
巌谷孫蔵	1867.8	1884.7	東京外国語学校独語科	
井上　密	1867.1	1892.7	東大、独法科	10名中2番
織田　萬	1868.7	1892.7	東大、仏法科	25名中5番
岡松参太郎	1871.9	1894.7	東大、英法科	28名中1番
千賀鶴太郎	1857.2			
勝本勘三郎	1866.12	1893.7	東大、仏法科	15名中1番
高根義人	1867.7	1892.7	東大、英法科	26名中3番
田島錦治	1867.9	1894.7	東大、政治学科	34名中2番
仁井田益太郎	1868.10	1893.7	東大、独法科	7名中1番
仁保亀松	1868.4	1893.7	東大、独法科	7名中2番
春木一郎	1870.7	1894.7	東大、英法科	28名中5番

出所：潮木守一『京都帝国大学の挑戦』

推移と相違については、潮木・前掲書による詳細な研究報告、そして『京都大学百年史』にも書かれているので、それらを参照しながら簡単に論じてみよう。東大で学んでから京大に赴任した若い法科の教員たちは、東大での教育のやり方や職業養成のあり方との違いを鮮明にすることに腐心《ふしん》したのである。すでに強調したように、京都帝大は東京帝大への競争者として設立されただけに、東大とは異なる教育・研究の方針を打ち出そうとしたことは自然な流れであった。京大での新機軸や特色をいくつか述べてみよう。

第一に、ゼミナール（演習）の重視である。ドイツの大学に留学した教員が多かったので、ドイツでの大学教育の中核にある演習を重視したのは理解できるのであるが、京大はそれをいち早く導入したところに特色がある。京大と東大の際立《きわだ》った違いを示すための策であった。

東大の教授も多くがドイツに留学したのであるから、東大においてもゼミナールを重視してもよさそうであるが、東大は講義方式を教育の柱にしていた。もう一つ東大でゼミナールの導入が遅れた理由として、東大法科学生の多くは官吏試験に合格することが第一目標であり、教科の習得にそれほど役立たない演習よりも、教員からの講義方式が官吏試験突破に有効と見なされたことがあるのではないだろうか。

第二に、京大法科では学生に卒業論文を書くことを義務とした。法律を学んで暗記することも必要であるが、自分の頭で考えて研究を重ね、試行錯誤はあったとしても、独創性に富む論文の執筆を学生に課《か》したのである。そして学生の優秀論文に対しては、学会誌での発表という機会まで与えて、学生の研究意欲を鼓舞したのである。さらに学生が自分から進んで多くの文献に接する機会を与えるように、京大は図書館の充実を図り、かつ学生が図書を容易に借りることができるような配慮までしている。

京大法科大学の第一期生である佐々木惣一《ささきそういち》は、成績優秀者だったので京大に残り、後に京大教授となった人である。機械工学科の第一期生であった堀覚太郎も京大に残って京大教授になったので、京大は創設当初から優秀な学生を入学させていたことが、佐々木や堀の例によってわかる。潮木・前掲書で引用されている佐々木の言によると、京大の溌剌《はつらつ》とした自由な清新の気風の中で勉強できたことに感謝している。そして論文だけには時間を割《さ》いて、立派な論文を書こうと努力したことを思い出として書いていることからも、研究論文の比重が高かったことを知ることができる。

第三に、学生は四年間在籍することが義務であった。演習や卒業論文の他に、各学年においていろいろな科目を履修して、各科目の試験に合格せねばならなかった。東大ではこの科目数が非常に多く、朝から晩まで授業を受けねばならないほどであった。いわゆる詰め込み教育と言ってよい。いきおい学生は教授の講義を受けるだけに徹《てつ》し、試験も教授の講義内容を記憶しておいて、教授の学説を答案に書けば合格するといったものであった。

一方、京大ではそれほど多くの科目を履修する必要がなく、一つの科目を一年目から四年目のうちいつ受講してもよかったのである。いわば科目選択の自由度が高かったのであり、これは京大の教育における自由という雰囲気のさきがけにもなった。この東大と京大の講義の量と自由度の差は、ゼミナール（演習）と卒業論文が必須であるかどうかの差も影響している。

第四に、東大法科の教授がいかに官庁での仕事にコミットしていたかをすでに紹介したが、京都という東京から遠隔の地にある京大教授に、このような行政職の兼務は無理なので、現に兼務の仕事はほとんどなかった。東大出身者の多い京大法科の教員の中には、自分に行政職の仕事がまわってこないことに羨望《せんぼう》をもつか、不満を抱いた人もいたかもしれないが、多くは研究に邁進《まいしん》するという方針を貫く決意をして、研究中心の生活を実践するのである。

それでも東大出身の京大教授であれば、政府と東大の特殊な関係を知っているだけに、本心は東京で行政職を兼ねたいと思った人もいたかもしれないが、佐々木惣一あるいは彼に続く京大出身の京大教授は、官吏との関係を直接知る機会もそうないので、最初から研究中心の人生を望む場合が多いと予想できる。

実はこの第四の点が、京大が東大と異なる道を歩む出発点となっていることを強調しておこう。京大法科の教授が研究を重視する方向に進んだことは、対東大への対抗意識もあったからである。この伝統は時代が進んで、大正、昭和の時代にあっても脈々と続き、京大は研究第一の大学として真価を発揮するのである。特に、文学部（哲学、文学、史学）

と理学部（物理、化学、数学）の学問が、京大を代表するところとなる。

高文試験における東大の圧勝と京大の不振

東大法科の競争者として登場した京大法科は、演習や卒業論文を重視して、教授から講義を受けたことを暗記して科目試験や官吏登用試験に臨む東大方式からの別離を図った。学生そして教授ともに、独自の研究を中心においた教育・研究方針を前面に打ち出したのであった。

この京大の方針は世間の関心を呼ぶとともに、文部省や評論家からの支持も受けた。たとえば潮木・前掲書が紹介しているように、時の文部大臣の久保田《くぼた》譲《ゆずる》は「法学教育が形式的、詰込的、試験的、暗誦的になっているのに対して、自由討究的、自由聴講の主義で行なう法学教育は好ましい動きだ」と評している。大学名を名指ししていないが、前者が東大を念頭におき、後者が京大を念頭においていることは明白である。

１９０３（明治38）年に当時の読売新聞では、すでに紹介した斬馬剣禅が「東西両京之大学」という連載記事において、「東大の小学校的、監督的、圧制的、注入的、器械的な教育と比較して、京大のそれは真に大学的、放任主義による独自の創造力を生かすような

02	03	04	05	06	07	08	09	10	11
27	38	35	39	50	58	77	110	111	125
1	1		2	5	1	13	11	12	2
									2
			1			1			3
							1		
3	4	1	3	1	3	5	1	1	
	3	3	1	3	5	5	4	4	1
1			1						
3	1	1	3		2	1			1
2	5	7	4	1	1	3			2
1	1	3	7		2		1		
		1						1	
		3	3	3	5	1	2	1	3
41	53	54	64	63	77	106	130	130	139
65.9	71.7	64.8	60.9	79.4	75.3	72.6	84.6	85.4	89.9

研究主義的な教育でよい」と評した。正に東大を酷評し、京大を賛美する記事である。斬馬は常に京大に好意的なのでその評価には割引く必要はあるが、少なくとも京大法科への期待が大きかったことは確実である。

　これだけ東大とは異なる教育方針を打ち出し、かつまわりからの支持のあった京大法科にあっては、その成果が問われることは当然であった。その教育が成功したかどうかに関心が移るのである。それ

表1－2　高等文官試験行政科合格者の出身学校

	1895	96	97	98	99	1900	01
東大法科	25	41	25	23	22	39	18
京大法科							
東京高等商業	1						
東京高等師範			1				1
東京外国語							
中央	4	3	13	7	3	4	2
早稲田	2	1	4	1	1	1	1
専修	1		1		1		
明治	2	2	1	3	1	2	2
独協会		3					
日本			5	5	2	4	4
法政			2			4	6
慶應				1		1	1
関西							1
立命館							
その他	2		2	1	1	3	6
合計	37	50	54	41	31	58	42
全合格者中　東大法科出身者の占める割合(%)	67.6	82.0	46.3	56.1	71.0	67.2	42.9

出所：潮木守一『京都帝国大学の挑戦』

を測る一つの方法が、当時の帝国大学・法科大学の卒業生が志望・受験する官僚登竜門である高等文官試験（高文試験）の合格者数である。

京大法科生の高文試験の結果については、潮木・前掲書による詳細な報告がある。**表1－2**でわかることは、東大法科生に抜群の数の合格者数が多いことと、京大法科は設立当初はわずか1名のみであり、1908（明治41）年〜10年は少しよかったが、基本的には他の私立大学の合格者数と同じか、それよりもやや低いという成果である。当時の帝国大学は優秀な学生を集めていたと見なされていたので、京大法科生のこの惨憺《さんたん》たる有様《ありさま》は世の批判を受けることとなった。

このことはもう一つの高級官僚への登竜門である外交官試験についてもあてはまり、京大はきわめて不振であった。１９０３（明治36）年から１９０６年までの4年間で外交官試験に27名の合格者がいるが、京大出身者はゼロであった。ちなみに東大法科出身は16名、東京高商（現・一橋大）は6名の合格者があり、ここでも京大は無惨《むざん》な結果だったのである。以上をまとめると、高文、外交官試験ともに京大生の成果はきわめて期待外《はず》れだったのである。

07	08	09	10	11
10	10	11	12	12
2	2	3	3	3
1				
1	2*	1	1	2
1	1			
			2	2
			1	1
15	15	15	19	20

なぜこれほどふるわなかったのか、潮木・前掲書の挙げた理由に加えて、筆者なりの解釈する理由を加えて、まとめておこう。第一に、高文の試験委員は3名の常任委員からなるが、委員長は法制局

表1－3　高等文官試験臨時委員の構成

	1899	1900	01	02	03	04	05	06
東大教授	9	8	10	9	8	8	9	9
京大教授				1	2	2	2	2
文部省	1							
内務省	2	2	1	1	2	2	1	1
農商務省	1		1	1				
外務省	1							
判事	2	2	2		1	1		1
検事	2	2	2	2				
高等商業学校	1				1	1	1	1
大蔵省		1						
法制局							1	
東京外国語学校								
第一高等学校								
合計	19	15	16	14	14	14	14	14

注：＊行政裁判所評定官一人を含む　出所：潮木守一『京都帝国大学の挑戦』

長官、そして委員は法務局の参事官が務めており、彼らは幹部クラスなので大半は東大法科出身と見なせる。

第二に、もっと重要なのは、試験問題を作成し、かつ口述試問の面接にあたることもある臨時委員には、東大教授が半数以上を占めていたことである。**表1－3**はそのことを如実《にょじつ》に示していて、各年において約三分の二が東大教授である。

これらの試験委員は日頃東大で教えている内容や自著で書いている内容を高文での試験問題に出す可能性が高いし、受験生である東大生も日頃の講義からこの教授がどのような学説・思考の持ち主であるかを知っているし、どのような解答を書けば高得点を稼げるかがわかっていると言える。東大生の有利なことがこのようなことから類推できるし、京大教授の臨時試験委員がわずか一〜三名しかいないことは、京大生にとって不利なのである。

第三に、これは私の強調したい点であるが、東京帝大特に法科大学は創設以来、官吏の養成を大きな目的にしているので、入学してくる学生の多くは卒業後の就職先として官庁を想定していることがある。

大学での講義や試験に際して高文試験を念頭において、科目の選択を行なったり勉強方法を採用している可能性が高い。いわば在学中から高文試験に向けての突破作戦を展開しているのである。官吏志向の高い学生が、準備を抜かりなく行なえば、合格者数が多くなることは自然なことである。当然のことながら、もともと優秀な学生の多いことも無視できない。

このように議論してくると、東大そして京大から何名の受験者と合格者がいるかが次の関心となる。東大に官吏志望が多く、京大に官吏志望が少ないことが確認できれば、少なくとも合格者の絶対数の違いは受験者数の違いに依存しているかもしれないのである。この私の論点を証明してくれる事実が潮木・前掲書で見事に紹介されている。以下に、在校生数、出願者数、筆記試験合格者数、口述試験合格者数の最終合格者数を、両大学について紹介してみよう。それが**表1－4**である。

これらの数字には、まず京大生の受験比率が東大生のそれよりもはるかに低いことが如実に示されている。このことと在籍者数の違いが相重なって、絶対数で評価すれば京大の出願者数は東大よりもはるかに少なく、東大生の官吏志望の強さと京大生のそれへの低さを確認できる。したがって、合格者の絶対数が京大に少ないのは、納得できる。

なお、ついでながら東大生にあっては、口述試験による不合格者が8名もいて、不思議にやや多い数の結果である。東大教授に口述試問者の多いことを考慮すると、日頃顔見知りの教授と学生の間であれば、口頭試問で落とされることはないと思われるが、逆の発想をすれば日頃生意気な学生を面接場で見つけて、それらの人を落とした可能性もある。し

表1－4
1906年(明治39)における東京帝大、京都帝大法科生の高文試験における成果

	東京帝大	京都帝大
在籍者数	288	157
出願者数	125	21
受験比率	43%	13%
筆記試験合格者数	57	3
（合格率）	46%	14%
最終合格者数	49	3
（合格率）	39%	14%

注：潮木守一『京都帝国大学の挑戦』の記述文章から作成した表であるが、在籍者数については新しく加えて、この学年が入学した年の学生数で代替した。入学者数と卒業者数は多少異なるかもしれないし、そして表1－2との間に多少の誤差もあるが、この数字を用いて受験比率を計算した。

かしここで述べたことは想像の域を出ない。

むしろ興味のあることは合格率の違いである。東大は39％の高さであるのに対して、京大は14％の低さであり、およそ三分の一の成果しか出していない。潮木・前掲書は「それほど東大生は、優秀だったのであろうか」という一文を書いただけで、それ以上言及していない。そこで登場してくるのが、すでに述べた第一から第三の理由である。すなわち、試験に合格したいと思う熱意に差があるし、試験対策そのものにも差があることによる。もとより東大生の能力が高いことも十分作用しているのであるが、ここで述べた推測の是非の確認作業が必要である。

司法官補への試験制度における劣位

東大・京大の二つの帝国大学の学生は、裁判官や検事といった司法官になる際に、第一回試験が免除されていて、帝大卒業後すぐに司法官補になれた。これは帝大優遇の一つの象徴になっていたし、明治、中央、日本、法政といった私立の法律学校の生徒は、難しい判・検事登用試験を受けなければならなかった。この試験は5〜10％の合格率という厳しさだったので、私立学校からすれば帝大法科出身者への第一回試験の免除は特権と映《うつ》った。

しかし明治30年代にあっては、帝大卒業生は司法官になるより官吏になることへの希望が強く、試験免除の恩恵を行使する帝大生は少数だったので、この特権問題はさして批判されることはなかった。

しかし明治30年代の後半になると、京都帝大の創設もあって帝大生の数が増加したことにより、帝大法科の学生のなかでも司法界に進出する者が増加し始めたのである。そうすると私立の法律学校からは帝大生の第一回試験免除に対して、批判の声が高くなったのである。この批判は国会での討論の場でも沸騰《ふっとう》することになり、私学側から官立学校の優遇策が糾弾《きゅうだん》されるようになったのである。

そしてさらに悪いことに、帝大生、特に京大法科の学生が、第二回試験において合格者の数が少ないという事態が起きて、第一回試験の免除されている帝国大学生への批判が強くなったのである。そもそも第二回試験での京大生の試験成績が悪いのなら、第一回目を免除するのは不公平だという声なのである。東京帝大だけの時代であれば、司法官志望の学生はそれほどの数がいなかったので、無試験という帝大特権に対する不満の声は私立学校側から発生しなかったが、新しく京都帝大が創立されて、徐々に司法界志望者が増加して競争が激しくなったし、京大生の試験成績が芳《かんば》しくないのであれば、京大への批判が高まるのは自然なことであった。

このようにして、京大の法科大学の教育自体への批判と反省の声が強くなった。東京帝大法科の競争者として期待され、教育や研究に新機軸を打ち出したが、少なくとも卒業生の資格試験の合格率から判断する限り成功しなかったのである。それに悪いことは重なるもので、京大法科への入学希望者数も明治30年代の後半から減少し始めた。いずれにせよ、京大法科は明治30年代後半に、当初の期待を裏切って、大きな曲がり角に立つことになり、改革が試みられた。

法科大学改革の失敗

1907（明治40）年における改革案の骨子《こつし》をまとめると次のようになる。

設立当初は修業年限が4年であったものを1903（明治36）年に3年間に短縮したが、再び東大と同じ4年に戻した。さらに京大での特色であったゼミナール制度（演習）は規模を小さくし、卒業論文の提出を求めなくなった。また、学科目制から学年制に変更して、各学年ごとに与えられた科目を履修して試験を受けねばならないこととし、必要修得科目も増加させた。簡単に言えば京大独自の方式を捨てて、詰め込み教育の東大方式に近づいたのである。

華々しく東大に対抗して独自の路線を歩み始めた京大であったが、わずか7～8年という短期間を経過した末に、やや誇張した表現を用いるならば、すでに述べた改革の成果は芳しくなく、東大の軍門に降ったのである。二つの帝国大学は競争者として期待されたのであるが、法科大学に関する限りは京大は敗北したのである。

京大にとっては不幸な側面もあった。東大は官僚養成の大学だったので、教授・学生は官吏試験に合格することを目標に邁進していたのに対して、京大は必ずしもそうではないので教授・学生ともに官吏試験に東大ほど熱心に取り組んでいなかった。当時の社会の雰囲気として、官吏になることがエリートの象徴と判断されていたことが、京大の不幸の源泉であることは無視できない。とはいえ全般としては東大に惨敗した事実は否定できない。

第2章

研究で生きる京大と、官僚などのエリートを生む東大

法科大学において東大への挑戦に敗れ、入学志願者の減少という悲劇にみまわれた京大であったが、他の学問の分野では質の高い研究成果を上げるようになった。このことが京大の名を大いに高め、研究の京大という地位が定着するようになった。本章では学問の黄金時代を迎えた京大を論じる。

1　独創性の高い京大の学問

文学部創設の頃から終戦まで

創設期の文科大学における教員人事で京大ならではの興味深いことが起きているので、それをいくつか述べておこう。ある時期から東京帝大の教授になるには帝国大学の卒業生であることが条件となっていたが、京都帝大文科ではこれに必ずしもこだわらなかった。京都帝大の法科では**表1－1**（47ページ）で示したように、ほとんどが東京帝大法科出身者だったこととの対比でおもしろい。法学は学問体系が明確なので公式の法学教育を受けてそれを会得《えとく》することが必要なのに対して、文学部関係の教科では、在野にいて必ずしも体系だった教育を受けていない専門家でも研究・教育が可能だったからである。

たとえば、東洋史の内藤虎次郎《ないとうとらじろう》（湖南《こなん》）は師範学校出身で新聞界から招かれている。国文学では作家の幸田成行《こうだしげゆき》（露伴《ろはん》）が招聘《しょうへい》された。美学では評論界の高山林次郎《たかやまりんじろう》（樗牛《ちょぎゅう》）が内定していたが、病によって赴任しなかった。京大での人事において学歴にこだわらない主義が、このあたりから始まっていたのである。

ここで京大文学部に赴任した人で、特記すべき三名を記しておこう。朝永三十郎（西洋哲学）、小川琢治（地理学）、桑原隲蔵《くわばらじつぞう》（東洋史）である。ノーベル物理学賞を受賞した朝永振一郎、湯川秀樹と、西洋哲学の分野における研究上の組織力を発揮した桑原武夫《たけお》がこれら三名の息子たちである。京都大学において学問をするという雰囲気が、家族の中で醸《かも》し出されていたことを強調したいために、この三名を紹介した。

哲学科の隆盛と京都学派

戦前の京大文学部は哲学、史学、文学の分野で輝かしい業績を示したが、その中でも「西田《にしだ》哲学」あるいは「京都学派」と呼ばれるように、哲学が華々しい足跡を残した。「西田哲学」は言うまでもなく、『善の研究』などで知られる西田幾多郎《きたろう》の哲学を意味する。

「京都学派」というのは、西田のまわりにいた田辺元《たなべはじめ》のような哲学者と、西田・田辺などの弟子筋の哲学者グループ、ないしネットワークをさす。右派から左派まで広い範囲の哲学思想を主張したグループなので、「京都学派」を一つの中心的な思想でまとめるのはおよそ不可能である。

ちなみに、「京都学派」という言葉は、西田の弟子の一人でマルクス主義に傾いていった戸坂潤《とさかじゅん》が、1932（昭和7）年、雑誌『経済往来』に「京都学派の哲学」と書いたことから生まれた言葉である。

帝国大学には本科生と選科生の二種類の学生がいたが、本科生は旧制高校の卒業生だけに入学資格があり、石川県専門学校（後の第四高等学校）中退の西田には選科生の道しかなく、東京帝大になる前の帝国大学文科大学の選科生として入学する。「隅の方で小さくなって過ごした」と西田が人生の後半になって書いていることからも、この選科生としての恨みの感情があったことがわかる。

学歴主義の強かった当時では、文科大学の選科生であったことがハンディにもなって、西田の教師としての就職探しは困難をきわめ、いろいろな学校を転々とすることになる。しかし西田は学問的業績を蓄積することによって、1910（明治43）年には京都帝大の助教授として招聘された。その後教授に昇進して、１９２８（昭和３）年の定年退職まで京大に在職した。

西田は京大着任後に『善の研究』を出版し、京大在学中にもいくつかの著書を発表しているが、驚異なのは58歳の退職後に、京大在任中以上の数の著作を公表していることである。大学で教える時間がなくなったことにより、思索・研究の時間が増加したからなのか、それとも老境に入ってますます好奇心と思考力が高まったからなのかわかりかねるが、１９４５（昭和20）年に75歳で死去する数年前まで著作活動を続けた。

西田哲学は日本の哲学を代表するほど有名になり、優秀な学生が京大に入学するようになった。東大の哲学科よりも京大の哲学科の人気度が上になったと言ってよい。たとえば西田の弟子である哲学者の三木《みき》清《きよし》や戸坂潤などは、第一高等学校の卒業生でありながら東大には進まず、京大の哲学科で学んだ。京大哲学科出身者、特に京都学派の中で、左派で有名なのは三木清や戸坂潤などであり、マルクス主義に傾倒していった。

数で言えばむしろ右派が多く、これら一群の右派の人々だけを「京都学派」と呼ぶことがある。教師の教えや思想に忠実に従うのではなく、右だろうが左だろうが京大関係者が自由な哲学思想を持ったことは世によく知られているが、ここでは狭い意味での右派の京都学派について述べておこう。

西田は西欧哲学を勉強していたことは確実であるが、東洋思想や東洋の論理をかなり前面に出して、東洋文化の根底にあるものに哲学的な基礎づけをした人であるし、日本文化のよい点を強調している。日本精神ということがどうしても議論の中心とならざるをえず、日本人の世界観、人生観を尊重する方向に向かう。これが天皇を中心とした民族同一性と、排他的な民族主義を主張する思想の源泉となる可能性を秘めていたのである。

この可能性をいっそう推し進めたのが、西田や田辺の弟子筋にあたり、「京都学派四天王」と称される、高坂正顕《こうさかまさあき》、西谷啓治《にしたにけいじ》、高山岩男《たかやまいわお》、鈴木成高《すずきしげたか》の京大出身の思想家、歴史家である。西洋列強のアジア進出に異を唱え、日本を中心とした大東亜共栄圏を作ることを念頭におきながら、大東亜戦争を肯定する論陣を、開戦前から張った。戦後にこの四名は戦争協力者という判定が下されて、何人かは後に復帰するが戦後に京大を去ることになる。

京大の現教授の話であるが、今の京大では西田哲学を研究している人はいない、とのことである。

史学科の繁栄

史学科は国史、東洋史、西洋史、地理学、考古学などの講座からなるが、京大の特色は東洋史や地理学で発揮された。東洋史講座の斬新さは内藤湖南（本名・虎次郎）の招聘で示される。内藤は秋田師範を卒業してから、東京に出てジャーナリストとして当時の対ロシア政策において強硬論を展開していた。やがて大阪朝日新聞社に入社して、論説担当となり、中国問題に関して論陣を張っていた。そこに降って湧いたのが湖南を京大に招く案である。内藤は師範学校の学歴しかないので、大学はおろか高等学校すら出ていないのであり、本来ならば学歴だけからすると資格がないかもしれないのであるが、京大はかなりの無理をして内藤を採用したのであった。

有能で学問業績の見込みのある人は、学歴に関係なく採用するという京大の伝統は、創設当時の内藤湖南から始まったのである。湖南の関心は古代から現代にわたっていたし、史学史、絵画史、考証史、思想史などの研究分野を開拓して業績を上げた。

東洋史学科ではもう一人の有力な教授、桑原隲蔵がいた。桑原は湖南とは異なり、帝国大学・文科大学出身なので学歴は正統派の東洋史の専門家であった。狩野亨吉《かのうこうきち》、湖南、桑原のような教師の下で、京大東洋史学科は、その後日本の東洋史学を代表する逸材を生み、京大東洋史の名を高めることになる。その中でも二人だけ名前を挙げておこう。それは宮崎市定《みやざきいちさだ》と貝塚茂樹である。宮崎がこの分野の巨人であることは皆の知るところである。貝塚は地理学教授の小川琢治の息子であるし、ノーベル物理学賞の湯川秀樹の兄である。貝塚も東洋史の分野で一流の仕事をした。桑原の息子、武夫は父のように東洋史を専攻せず、フランス文学・文化の専門家として有名になり、京大人文科学研究所の中心人物の一人となる。貝塚、桑原などの例からも、京大における世代通じて流れる学問の強さがわかる。

ノーベル賞大学——湯川秀樹と朝永振一郎

京都大学では学問をするということが、家族というコミュニティ（共同体）、そして京大というコミュニティの中でごく自然なこととして生きてきたことを、ここまでいく人かの例を用いて示したが、その極《きわ》めつけが湯川秀樹（1907〜81）と朝永振一郎（1906〜79）である。湯川・朝永両氏の経歴と業績については、主として湯川・朝永生誕百年企画展委員会編『新編　素粒子の世界を拓く——湯川・朝永から南部・小林・益川へ』を参照した。

１９２６（大正15）年に、湯川・朝永の両人は京都帝大理学部の物理学科に入学する。京大物理学科で同級生となった湯川と朝永は、量子力学を専攻し、指導教授が頼りなかったので、二人は他の仲間とともに自分で研究する道を歩む。外国の著名な学者が来日したときの講演を聴いたり、外国の文献をていねいに読んだりして、最先端の研究成果を自分で勉強して、自分で考えるしかなかった。

湯川は京大講師を経てから、新設の大阪帝大理学部の物理学講師、後に助教授となる。阪大は新しい大学なので研究意欲の旺盛《おうせい》な若手が多く、筆者のような素人でもその名前を知っている物理学の坂田昌一《さかたしょういち》、伏見康治《ふしみこうじ》などの俊英がいたので、お互いに切磋琢磨《せつさたくま》しながら研究に精励する。湯川は阪大時代の１９３４（昭和９）年に中間子論（論文Ⅰと呼ばれる）を発表する。その後第二弾（論文Ⅱ）を坂田と共著で、論文Ⅲを坂田・武谷三男《たけたにみつお》と共著で、論文Ⅳを坂田・小林稔《こばやしみのる》・武谷の共著で次々と発表した。

これら一連の業績から、１９４９（昭和24）年に中間子論に対してノーベル物理学賞が授与された。日本人にとって最初のノーベル賞受賞であり、国中が大いに沸いた。敗戦によって社会・経済が疲弊し、自信を失っていた日本人にとって、希望の光となった大事件であった。同じ頃に水泳選手、古橋広之進《ふるはしひろのしん》が世界記録を次々と打ち立てて「フジヤマのトビウオ」と呼ばれて、もてはやされていた。この二人の日本人は暗いイメージの中にあった戦後の日本で、日本人に自信を持たせるような、文武の世界で輝ける星となったのである。

朝永振一郎は京大助手の後、東京の理化学研究所において、有名な物理学者・仁科芳雄《にしなよしお》の下で研究員となる。ドイツの物理学者・ハイゼンベルグがいるライプチッヒ大学に第二次世界大戦の前に留学するが、戦争が間近に迫り帰国してから、東京文理科大学（後・東京教育大学、現・筑波大学）の教授となる。戦争中に「超多時間理論」、戦後になってから「くりこみ理論」を発表する。これらの業績が評価されて、１９６５（昭和40）年にノーベル物理学賞を受賞した。湯川に遅れること16年後の第二番目の受賞だったし、当時は日本も高度成長期を経過して経済大国になりつつあったので、湯川受賞時ほどの異様な興奮はなかった。

数学、化学、生命科学

理学部物理学科の湯川・朝永という二人の偉大な学者を述べてきたが、この二人の随筆を読むと、大学時代に学んだ理学部数学科の先生方の名前が現われる。それは数学者・岡《おか》京大数学科の同級生であり、若い講師として京大生に数学を教えたのであった。岡と秋月は三高・京大数学科の同級生であり、若い講師として京大生に数学を教えたのであった。そのときに教えた学生として、物理学科の同級生である湯川・朝永が数学演習の授業に参加したのであった。岡が微分積分の演習、秋月が解析幾何の演習の担当であった。

教育者としての秋月康夫は有名であり、多くの優れた数学者を京大から育てるのに貢献した。その代表は数学のノーベル賞とされる「フィールズ賞」を受賞した広中平祐《ひろなかへいすけ》であり、同じく受賞者である森重文《もりしげふみ》も秋月の流れに属する教室の出身である。ちなみに東大出身では、小平邦彦《こだいらくにひこ》の一人である。一方の岡潔は数学者として優れた業績を上げたが、それ以上に随筆が特に有名であるし、奇行を演じる人でもあった。

戦争前後の京大における物理学と数学の強さの陰に隠れるが、理学部と工学部における化学も高い研究実績を示していた。いくつかの例を示しておこう、1939（昭和14）年に日本初の合成繊維であるビニロンを開発したのは、京大出身で教授を務めた桜田一郎《さくらだいちろう》である。京大の後輩で後にノーベル化学賞を受賞した野依良治《のよりりょうじ》は、中学時代に父親に連れられてもう一つの合成繊維であるナイロンの新製品発表会に行き、人工繊維のすごさに魅《み》せられて工業化学に進むことを決めたという。

もう一人は福井謙一《ふくいけんいち》である。ここまでに紹介してきた京大出身のノーベル賞学者の大半はすべて京大を出て他の大学・研究所に転出後（ただし湯川秀樹は後に京大に戻っている）の仕事が評価されたものである。しかし福井は京大卒業後もずっと京大で研究を続け、フロンティア軌道理論という新しい理論によってノーベル賞を授与されたのである。

次は医学の分野である。京大は生命科学の分野でも最先端の研究業績を上げてきた。一つだけ有名な例を挙げれば、医学部・生化学教室における早石修《はやいしおさむ》グループの仕事である。阪大出身の早石はアメリカ滞在中に優れた研究成果を示してから、京大の医学部に招聘された。ここにも学閥にこだわらない京大の姿がある。なお早石は後に東大からの招聘を受けるが、兼任で応じただけで、移籍することはなかった。

早石道場と呼ばれるほど早石研究室は研究と教育に精励し、次々と一流の若手を育てることに成功した。生化学は分子生物学、免疫学の方向に発展したが、この分野で世界的な仕事をする研究者が早石研究室から次々と生まれた。何人かの名前を挙げれば、ノーベル賞候補にもなったことのある故・西塚泰美《にしづかやすとみ》（元・神戸大学長）、故・沼正作《ぬましょうさく》、本庶佑《ほんじょたすく》、中西重忠《なかにししげただ》（三人とも京大教授）である。

生命科学に強い京大の伝統は現在でも続いている。iＰＳ細胞と呼ばれる新しい細胞を作り出す研究分野で、再生医療や人工移植への道が開かれるので、大きな期待が集まっている。この分野で最先端を突っ走っているのが京大の山中伸弥《やまなかしんや》教授で、ノーベル医学・生理学賞を受賞した。

この山中教授も京大出身ではなく、神戸大医学部・大阪市立大大学院卒なので京大では外様《とざま》であり、内藤湖南以来の出身校にこだわらない京大の伝統が生きていることがわかる。学問の最先端においては、どこで学んだかではなく、どんな業績を上げたかが重要な時代となっているのである。この動きは他の大学でも見られるようになり、自校出身者の多かった東大や早慶の両大学にも波及している。

2　官僚、政治家、経営者というエリートを生む東大

東大法学部生の官僚志向

帝国大学（そして後の東京帝国大学）が官僚養成校として君臨《くんりん》するようになった経緯について第１章で述べてきたが、次の関心は他の大学が続々と新しく創設されるようになってから、東京帝大の官僚優位はどう変化したかである。１８９７（明治30）年に第二番目

の京都帝国大学が創設されてからも、京大出の官僚は多く輩出されることのなかったことはすでに述べたが、その後も旧制の官立・私立の大学が続々誕生した。そういう大学の卒業生と東京帝大卒との間の比較に興味が移る。

官僚の中でももっとも地位の高い、すなわち幹部候補生は行政職として採用された人である。現代の官僚の世界でも技官（理科系の仕事をする人として採用された人）は、運輸や建設関係の分野では幹部になる可能性は開かれているが、他の大半の分野では事務官が断然優位である。戦前ではその傾向は現代より強く、行政職が圧倒的に有利であったし、事務屋の中においても経済学専攻者よりも法学専攻者の方がこれまた断然優位であった。

これらのことを物語る表が**表2―1**である。この表は1894（明治27）年から1947（昭和22）年の戦争直後までの長期間にわたって、どの大学から何名の高等文官試験の合格者数が出たのかを示したものである。特に東京帝大については、法学部と経済学部の卒業生別に示している。

この表でわかることは、合計9565名の合格者のうち、東京帝大出身者は5969名の62％であり、東京帝大の独占ではない。しかし過半数を超しているので、官僚は東大出が大半であったと言っても過言ではない。京大卒は東大卒の13％しかいないので、同じ帝

表2－1　高文行政科合格者の学歴内訳(1894–1947)

校名		人数	順位
I	帝国大学		
	東京大	5, 969	1
	(うち法学部)	(5, 653)	
	(うち経済学部)	(299)	
	京都大	795	2
	東北大	188	6
	九州大	137	10
	京城大	85	11
	台北大	10	
	北海道大	3	
	(小計)	(7, 187)	
II	官立公立大学・高専		
	東京商大(高商)	211	5
	東京文理大(高師)	56	12
	東京外語	45	16
	広島文理大(高師)	21	
	神戸商大(高商)	15	
	大阪商大(高商)	12	
	その他の高等商業学校	39	
	その他の官公立高専	50	
	(小計)	(449)	
III	私立大学		
	中央大	444	3
	日本大	306	4
	早稲田大	182	7
	明治大	144	9
	法政大	49	14
	関西大	48	15
	立命館大	26	
	慶應大	18	
	専修大	13	
	その他の私大	25	
	(小計)	(1, 255)	
IV	その他		
	通信官吏練習所	173	8
	鉄道省教習所	56	12
	師範学校	45	16
	その他	188	
	無学歴	69	
不明		143	
総計		9, 565	

注：中退を含む。私立大学は専門部・高商部等を含む。
出所：秦郁彦『官僚の研究』(講談社、1983年)、竹内洋『学歴貴族の栄光と挫折』からの引用。

国大学であっても東大の圧倒的に高い比率がわかる。

むしろ重要なことは、東大合格者のうち、実におよそ95%が法学部出身者という異常な法学専攻者の高さである。ちなみに文科系の学生（すなわち、法学、経済学、文学）が行政職の試験を受けると考えられるが、経済学専攻はおよそ5%にすぎず、官僚の世界ではほぼ全員が東大法学部出身の世界といっても過言ではない。

なぜこれほどまでに高い法学専攻者の比率なのであろうか。いくつかの理由を指摘できる。第一に、明治新政府は先進欧米諸国に見習って法治国家を目指したのであり、議会が法律を作成するのに際して官僚がその企画を担当したり、法律の素案作成に大きく貢献する仕事を任されていたので、法律の知識の高い法学生を政府内においておくことはごく自然なことであった。

第二に、明治時代になって近代国家へと脱皮したい新政府にとって、官僚の役割はすべての分野（政治、外交、産業、国民生活など）において指導的立場にあらねばならない。このことはすべての発展途上国に当てはまることであり、近代国家になるためへの諸計画、諸企画を先導する官僚は特に重要であった。優秀な人を集めていた東京帝大の中でも、特に優秀な人のいた法学部生が、国家の期待を背負っていたことは明らかであった。

第三に、官僚の仕事を卒《お》えてから政治の世界に入ることは、一部の野心のある優秀な人にとって自然なキャリアになりつつあった。こういう国家や地方での政治の世界に入ろうとする人にとって、まず第一の入口は官僚の世界で経験を積むことが肝心であるし、有利でもあった。政治家の重要な仕事は国なり地方の基本的な方針を決めることであるが、その方針もかなりの部分は法律や条例の作成によって実行に移される。将来に政治の世界に入る希望を持つ人にとって、東大法学部生であることは役立ったのである。

第四に、さほど知られていないことであるが、明治新政府は官吏登用試験に合格して入省した官僚に、格別に恵まれた処遇で対応したことを強調しておきたい。現代の高級官僚の処遇は、たとえば民間大企業で働く人の賃金と比較すればむしろやや低いほどであるが、明治時代の官吏の俸給は格別に高い水準にあった。

拙著『東京大学　エリート養成機関の盛衰』では明治・大正時代における官吏の俸給と民間企業人との俸給とを具体的に比較しているが、その格差の大きさは現代の比ではない。たとえば1882（明治15）年の勅任官（次官や局長級）の月給が平均461・3円、奏任官（局長以下の中間管理職）が113・1円、平の中級公務員が15・7円であり、民間の雇用人の月給が平均で7・1円であった。官僚の中でもトップにいる人の俸給が非常に高いし、最高幹部にまだなっていない中間管理職の官僚の賃金も民間企業よりもはるかに高い俸給だったことがわかる。俸給の高さに加えて、役所内で昇進のスピードが官吏試験合格者は特に速かったのである。明治時代では40歳そこそこで局長や次官に昇進するのが普通であった。

戦前の日本社会は大変な格差社会であったことは多くの人が知るところであるが、特に官吏の処遇の高さには格別のものがあった。これも有能な人を官僚にしたい政府の思惑があったし、逆に東大でも法学を学ぶ人にとってもこのことが魅力になっていたことは確実である。

第五に、以上述べたことをまとめることになるが、まずは国家の指導者になるための教育機関である東京大学の法学部には優秀な学生が入学していたし、最高の教育機関として教育・訓練の質も高く育てられていた。そこに国家の指導者になる人として期待されていた官僚の世界から、優秀な学生への需要が多くあったのであり、需要と供給がうまく合致して、東大法学部生がほぼ独占的に幹部候補生たる官僚の世界に君臨することとなったのである。

東大法科出の代表的官僚と政治家

前述の『東京大学～』では東大出の代表的卒業生で首相になった人として、若槻礼次郎《わかつきれいじろう》と広田弘毅《ひろたこうき》を論じたので、ここでは戦後の人を論じておこう。

（１）吉田茂《よしだしげる》（１９７８（明治11）年―１９６７（昭和42）年）

戦後の日本を復興の道に歩ませた吉田茂である。吉田については井上寿一《いのうえとしかず》による「吉田茂」（御《み》厨《くりや》貴《たかし》編『歴代首相物語』所収）が有用だ。吉田は高知県で民権運動家として有名な板垣退助《いたがきたいすけ》の部下であった竹内綱《たけうちつな》の子息として生まれたが、若槻や浜口《はまぐち》雄《お》幸《さち》と同様に素封《そほう》家《か》・吉田健三《けんぞう》の養子となったのである。

学業に関しての吉田は秀才ぶりを示した形跡はまったくなく、さまざまな学校を渡り歩くむしろ劣等生であった。特に興味深いことは高等商業学校（後の一橋大学）では商業は自分に合わないとしてすぐに退校しており、後に外交官になる姿を知るにつけ、商売人よりも高貴でいんぎんな職業が自分に向いていると思っていたのであろう。結局は高貴な出の人の多い学習院高等科を経て、東京帝大法科大学に入学・卒業する。

東大出の多くが官僚を目指すのに従って、吉田も官僚になろうとするが、経済のことは苦手なのか、外務省に入省する。ここでも若槻のような首席での入省ではなかった。ちなみに同期の首席は後に首相となる広田弘毅であった。秀才ぶりを示さなかった吉田は、当時のエリート外交官が欧米畑を歩むところに、中国担当という仕事が与えられ、ここでも非エリートであった。それでも外務次官にまで昇進したので、出世を果たしたのである。しかし同期で首席入省の広田弘毅はすでに首相にまでなっていたのである。広田は吉田を外務大臣にしようとしたが、軍部の反対に遭《あ》い、それは成就せず、結局は駐英大使として英国に渡る。

ここで吉田に幸運が訪れたという解釈をしておこう。もし外務大臣になっていたのなら、当時の政権の中枢にいたことになるので、戦争責任を問われて公職追放になって、後の首相就任はなかったかもしれない。現に首相であった広田弘毅は東京裁判において絞首刑に処せられたのである。

外交官としては中国畑を歩んだ吉田であったが、外交政策としては親英米派のスタンスを取り続けていた。日独伊の三国同盟に反対したし、できれば英米との開戦を回避したい気持ちでいたが、軍部とシンパの政治家の強い権力によって開戦に至ったことは歴史の教えるとおりである。

戦争中に目立った好戦論に与《くみ》することがなく、しかも終戦策に走ったこと、1945（昭和20）年4月に軍部によって投獄されたことが幸いして、反軍部としてのイメージが吉田にはあった。それら反軍国主義の立場が功を奏して、戦後のGHQ（連合国軍最高司令官総司令部）の受けが良かった吉田であった。

戦後の吉田と同じ外交官上がりの幣原喜重郎《しではらきじゅうろう》内閣の外務大臣を経験後、1946（昭和21）年に第一次の内閣総理大臣に就任する。国会議員であることが首相就任の条件の時代になっていたので吉田は議員であったし、自由党の総裁でもあった。その後五次にわたって首相を務めており、戦後の首相としては長期で任にあった人の一人である。

戦後の混乱期において、首相になるべく人として国民の期待したのは、すでに戦前において首相を経験したことのある次に述べる近衛文麿《このえふみまろ》であったが、自害したので近衛ではなく、外交官上がりの親米派の幣原と吉田に首相の職が回ってきたのである。

吉田首相の役割には二つの大きな柱があった。第一は、戦後の経済破綻からいち早く日本経済の復興を図ることであった。国民は貧乏に苦しんでいたし、経済は戦争によって破滅の状況にあった。第二は、占領下の日本をできるだけ早く独立国家にするために、諸外国との外交政策を巧みに運ばねばならなかったのである。

第一の経済に関しては、まず1949(昭和24)年にアメリカの要求した過激な緊縮予算・金融引き締め政策(いわゆるドッジ・ラインと称される政策)の受容を述べておこう。悪性のインフレ退治に成功したし、資本蓄積を図って経済を復興させようとした政策の採用であった。

それよりも重要な政策は、第一次内閣の時代にGHQの勧めによって実行した諸改革である。(1)農地改革、(2)財閥解体と独占禁止政策、(3)労働改革、(4)税制改革、(5)教育改革、などで代表される旧制度の打破である。これらの政策は外国から勧められた政策なので内なる改革ではないが、日本を近代国家に導くことに大きく貢献することになったのである。

農地改革は、不在大地主から土地を収用して、小作人に与えて自営農民を多くつくることに成功した。多くの発展途上国では大土地所有者のいることが農業の発展に支障となっていたので、日本も例外ではなかったが、農地改革によって近代化の道を歩めた。

財閥解体と独占禁止政策は、前者は少数の大資本家が軍部と結託して日本を帝国主義に向かわせたことを排除することに成功した。後者は独占資本主義国家の弊害をなくすため、少数の独占企業を排して多くの企業が競争をしながら産業の強化を図る。この改革が後の日本経済の発展に寄与したことは確実である。

労働改革は、労働三法（労働組合法、労働基準法、労働関係調整法）の導入によって、労働者の権利を保障し、かつ労働運動の自由を認めた。教育改革は、小・中・高・大の六・三・三・四制と小・中の義務教育化、そして男女共学を原則とした改革であった。税制改革はアメリカの税学者・シャウプの勧めによって、総合課税方式を基本とする税制を導入したのである。

筆者は、これらの諸改革は日本の旧制度を打破することに成功したし、その後の日本の自由主義・民主主義の発展、そして経済成長への道につながったとして大いに評価している。必ずしも吉田首相の発想ではない、むしろ吉田は地主や資本家を保護したい立場にいたと理解しているが、吉田がＧＨＱの改革を不本意ながらも受け入れて、実行に移したことは評価してよい。もっとも当時の占領軍と日本政府の力関係からすると、吉田はＧＨＱの改革を拒否できなかったであろうと言ってよい。

第二の独立への道と外交政策について吉田の政策を考えてみよう。自由主義・民主主義という政治と経済改革の一応の成功の次は、いち早く日本を独立国家にすることであったし、緊張する世界の政治（具体的には共産主義国家との対立）からどう逃れるかであった。

独立に関しては、全面講和か共産諸国を排除した部分講和を巡っての論議はあったが、部分講和の路線に乗って1951（昭和26）年にサンフランシスコ講和条約を結んで、日本を独立国家にすることができた。

その際に日本は非軍事国家を宣言していたが、当時の朝鮮戦争の勃発やアメリカ対ソ連の冷戦時代の中にあって、吉田はアメリカからの要求に応じてアメリカ軍の日本駐留を認めたし、後の自衛隊となる警察予備隊の編成をしたのであった。

最後に吉田政治を簡単に総括しておこう。敗戦による国の破壊から日本経済を再建させることに、消極的にせよ貢献することとなった吉田の功績を評価するものである。日本経済の復興は朝鮮戦争による特需のおかげとする意見もあるが、GHQの勧めに応じて少なくとも国内での諸改革を実行させたことが、日本を民主国家、後の経済大国に向かわせたことは事実である。さらに日本を独立国家にした功績は評価してよい。

ただし、その代償としてアメリカ軍の駐留という米国への過重依存は、当時の政治勢力として左右から攻撃を受けたことを記しておく。社会党や共産党といった左翼からは当然のことながら対米依存が批判されたし、逆に身内といってよい保守勢力からは再軍備をせよとか、憲法改正をせよといった自主独立路線の要求が後々まで続くのであった。

吉田のもう一つの功績は、「吉田学校」とも称される後継の政治家を生んだことにある。戦争責任によって公職から追放された重鎮《じゅうちん》がまわりにいなかったこともあるが、若手の有能な官僚を吉田はブレーンとして重宝し、彼の政策実行の手先として重用したのであった。その代表は、後に首相にまでなった池田勇人《いけだはやと》、佐藤栄作《さとうえいさく》、宮澤喜一《みやざわきいち》などである。

（２）鳩山由紀夫《はとやまゆきお》（１９４７（昭和22）年―）

明治以降数多くの首相を輩出した東大出身者のうち、現時点では最後の首相であるし、ここ20年ほど東大出がいなかっただけに、鳩山は貴重な人である。さらに現代の政治状況を理解すると、ここしばらくは最後の東大出の首相であり続けるかもしれない。

由紀夫は鳩山家における曾祖父、祖父、父に続く四代目の政治家である。特に祖父の一《いち》郎《ろう》は戦後に内閣総理大臣を務めたので、同じ家系において二人の首相を輩出した名門政治家の血筋である。もう一つすごいことは、曾祖父から由紀夫の息子まで含めた五代の鳩山家は、全員が東大出身という教育一家の家系ということにある。

由紀夫はもともと理科系好みであり、東大工学部で学んでからスタンフォード大学でオペレーションズ・リサーチの分野でＰｈ．Ｄ．（博士号）を取得した学究派であった。専修大学で教鞭《きようべん》をとっていたが、政治家の血が騒ぐのか、本人とは無縁の北海道での選挙区で当選して政治の世界に入った。父・威一郎《いいちろう》（同じく国会議員）の妻・安子《やすこ》が財界におけるブリヂストンの娘だったので資金が豊富にあり、お金の支援もあって政界では政党の指導者になることが可能であった。母親から毎月、一千五百万円のお金を受け取っていた、との声もあった。

最初は自民党・田中角栄《たなかかくえい》派としてスタートした政治家人生であるが、その後小党分立の中で党を渡り歩き、最後は民主党（現・民進党）で落ち着いてから、２００９（平成21）年に民主党の代表となり、自民党政治に飽きた国民が民主党に政権を任すこととなり、由紀夫は首相となった。

由紀夫の首相在任はわずか九カ月であった。鳩山家のスローガンを掲げて、官僚政治の排除、高校授業料の無償化、子ども手当の導入、高速道路の無料化など、旧来の自民党政権がなしえなかった好ましい政策を実行したので、それなりの評価のできる政治であった。しかし、沖縄の普天間基地の移転問題では、政治家として指導力と調整力の発揮はできず、退陣に追い込まれたのである。

政治家の家系に生まれ育った宿命からか、由紀夫は政治家となって首相にまで登りつめたが、人柄が良すぎたのか、それとも権謀術数に欠けた政治家にすぎなかったのか、評価は政治の専門家に任せる。筆者は政治家になるよりも、学者としての人生が由紀夫には向いていたのではないか、と思われて仕方ない。

興味は由紀夫の息子・紀一郎《きいちろう》（東大出の東大在籍学者）の今後である。五代続いての東大出というのはすごいことである。現在は父の若い頃と同じく工学者として研究者の道を歩んでいるが、政治家に転身するかどうかである。むしろ政治家としてなら、由紀夫の弟・邦夫（最近死去）の息子が地方政治家になっているので、将来的には国政に進出してくるかもしれない。しかし邦夫の息子は紀一郎のような東大出身ではないので、五代続いての東大出身の政治家ということは、少なくとも邦夫の家系であればないことである。

京大法科出の政治家

数の多い東大出の首相と比較すると、京大出の首相はこれまでに非常に少ない。官僚OBが政治家になることの多い日本の政治の特色だったので、東大出の首相が多かったのは当然なのであり、京大出の首相は現代までわずか2名にすぎない。一人が戦前の近衛文麿であり、もう一人は戦後の池田勇人である。

(1) 近衛文麿(1891(明治24)年―1945(昭和20)年)

1937(昭和12)年6月から1939(昭和14)年1月の第一次内閣、1940(昭和15)年7月から1941(昭和16)年10月の第二次と第三次内閣と、戦前に三度も首相になった大物政治家である。開戦に至る前の激動の時代に要職にあったわけで、その評価は今でも定まらないほど複雑なものがある。

生い立ちを記しておこう。五摂家《ごせっけ》の筆頭である公家の近衛家・第30代目の当主という高貴な家系の人であった。父・篤麿《あつまろ》も政治家であったが早世したので、文麿は若くして当主となっていた。教育は公家の習わしに従って学習院で学んだが、エリート養成校である旧制一高に進学した。キリスト教的リベラリストの校長・新渡戸稲造《にとべいなぞう》に感化されたとされる。

一高→東京帝大の流れに沿って、東大の哲学科に進むが、なんと京都帝大に転学する。若い血気盛んな近衛は、当時の京大が誇る哲学者・西田幾多郎やマルクス主義の経済学者・河上肇《かわかみはじめ》に学びたいためであった。マルクス主義に親しみを感じていたことは間違いなかったのである。京大で近衛が何を学んだかは、拙著『京都三大学』に詳しい。

後の政治経歴において真の共産主義者になったことはなかったが、具体的な政策を検証すると、たとえばヒトラー・ドイツにおける国家社会主義、あるいは全体主義的な計画経済に近い政策を導入しようとしているので、若い頃の思索の一端は生きていると解釈できるところがある。さらに、西田哲学の延長にある京都学派の東洋思想や論理を拡張した「大東亜共栄圏」の考え方にも親しみを感じているところが、近衛の政策から読み取れるところがある。京大での学友としては木戸幸一《きどこういち》、原田熊雄《はらだくまお》などがいた。

若い頃から政治の世界に入り、25歳で早くも貴族院議員となる。家柄の良さは抜群であるし、聡明な感じを漂《ただよ》わせていたし、なによりも若くて長身で端正な顔立ちである文麿の人気は非常に高く、なんと45歳の若さで首相となったのである。初代首相であった伊藤博文に次ぐ史上２番目の若さであった。

第一次内閣は一年半続いたが、戦争に突き進んでいた日本陸軍は支那《しな》事変を起こした。この侵攻に対して近衛は戦争の不拡大方針を公《おおやけ》にはするが、内情は軍費の支出拡大を図ったのであり、むしろ拡大主義が本心であったとされている。現に不拡大方針を破棄して、中国での戦争拡大を容認したのである。

この第一次内閣時代、近衛の経済政策は戦時体制の導入という方針を明らかにして、国家社会主義型の方向に向かった。国家総動員法や電力管理法などは、ソ連の計画経済を真《ま》似《ね》たといっても過言ではない。後に国民学校令（1941年）を発令するが、これもナチスドイツの教育制度の真似である。京大時代に学んだことが近衛内閣の政策に生かされているのではないか、と解釈されても不思議はないかもしれない。

第二次内閣は、「大東亜共栄圏」の掛声とともに成立したし、政治においても大政翼賛《たいせいよくさん》会《かい》を組織して、戦時体制を乗り切るため一党独裁のような体制をつくったのであった。もともと近衛は経済的に豊かな英米中心の平和主義には賛成しておらず、後進国である日独伊が肩を組んで英米ソ連に対抗せねばならないと考えていたので、1940（昭和15）年に日独伊の三国同盟を結んだのであった。このあたりの諸政策は、近衛が反動的な政策に走ることになった証拠と見なしてよい。

第三次内閣は、インドシナ地域への侵攻を図ると同時に、裏ではアメリカとの開戦を避ける策を、近衛はいろいろと巡らしたのである。しかし、アメリカは日本への石油輸出を禁止する策に出た結果、近衛たちによる和平政策の模索は失敗に終わることになり、近衛内閣の総辞職後の東条英機《とうじょうひでき》内閣によって、日米開戦が決定されたのである。

第二次近衛内閣の末期、そして第三次内閣での対米開戦の阻止策、そして開戦後も近衛はアメリカとの戦争に終止符を打つべく努力をした。その事実によって、占領軍は近衛に好印象を持っているだろうと信じて、戦争犯罪人を裁く東京裁判には呼ばれないだろうと近衛は思っていた。しかし現実には呼ばれることになったので、逮捕の前日（1945（昭和20）年12月16日）に自殺したのであった。

武田知己《たけだともき》「近衛文磨」（御厨貴編『歴代首相物語』所収）は近衛文麿を評して、「強気と弱気」「政策と感情」「左右両翼のイデオロギー」と要約して、相反する二つの性格を有する人であったと評価している。確かに高貴な育ちでありながら庶民受けするポピュリズムの面があったし、若い頃はリベラリズムやマルキシズムに親しみを持っていたし、それに沿った政策を実行しようとしたこともあったが、権力者になると保守・帝国主義の政策をとることが多かったので、近衛を一つの思想と信念、あるいは一つの政治方針の下で行なった人と見るのは不可能である。

学習院・京大という学歴からすると、これらの学校での同窓であった木戸幸一、原田熊雄、織田信恒《おだのぶつね》などと近衛は親しかったので、東大にははるかにおよばない小さいながらも同じ学歴のよしみのいい面と悪い面を共有していたところがある。時になんでも話せたのは木戸幸一であったが、彼としか本心で話せなかったがことが近衛にとっては仇《あだ》となってしまった、という説もある。

（2）池田勇人（1899（明治32）年―1965（昭和40）年）

戦後の日本の首相の中で、もっとも日本に尽くした人はだれかと問われれば、私は吉田茂とともにこの池田勇人を挙げる。世に有名な所得倍増計画を打ち出し、なによりもそれを実現させたことの功績は大きいのである。戦争による経済破壊の中でようやく再建の途を歩み始めた1960年代に、日本が先進国の仲間入りを果たすことにつながる所得倍増計画の成功は画期的なことである。池田については牧原出《まきはらいづる》「池田勇人」（御厨貴編『歴代首相物語』所収）を参照してほしい。

池田は広島県の竹原で造り酒屋の息子として生まれた。第五高等学校（現・熊本大学）から京都帝大の法科に進学した。一高・東大法卒ばかりがいる大蔵省に入省するが、学歴のハンディを意識してか彼は大蔵省で出世する意志はなかった。愚直《ぐちょく》に税の専門家として公務員の生活を送ればよいと思っているにすぎなかった。

しかし人間には運というものがある。戦中・戦後の混乱期に政治家・官僚のトップは公職追放された人が多かったので、池田のまわりには人があまりおらず、主税《しゅぜい》局長、大蔵次官というトップの地位に昇進することとなる。特に池田を次官に抜擢《ばってき》したのは、これも東大出身ではない石橋湛山《いしばしたんざん》大蔵大臣（早稲田大出身）だったのである。ちなみに首相は東大出の吉田茂であった。

もう一つの運をあえて加えるとすると、池田は若い頃に皮膚科の難病に苦しんで五年間の休養・休職をした。もしこの病休がなければそれなりの地位に早く昇進して大蔵省を辞めていたかもしれず、局長・次官に登用される立場にいなかったかもしれないのである。

最大の運は吉田首相の目に留まったことである。吉田は優秀な官僚を積極的に登用して、「吉田学校」と称されるほどのブレーンを形成したが、池田もその一人として国会議員となる。そして一年生議員ながら大蔵大臣という要職に抜擢されたのである。池田を吉田がなぜ注目したかといえば、ドッジ・ラインによる緊縮財政政策を先頭に立って実行したし、サンフランシスコ平和条約の締結に際しての下交渉を行なって条約調印への道をつくることに成功していたことによる。

１９６０（昭和35）年に首相となるが、彼はすでに述べた「所得倍増計画」を公約として提示したのである。この計画は吉田がブレーンを重宝したのと同様に池田も優秀な大蔵官僚をブレーンとして登用して、その人々の計画に池田が乗ったといっても過言ではない。そのブレーンとは下村治《しもむらおさむ》、宮澤喜一、石野信一《いしのしんいち》、大平正芳《おおひらまさよし》などである。後に宮澤・大平は首相になる人である。経済学からのアドバイスとしては下村治がその中心人物であった。

池田の所得倍増計画は10年間の目標ではあったが、実際はそれを7年間で達成したという偉業であった。当時の日本経済は復興が軌道に乗り、しかも国民と企業の成長への期待と願望が強く、かつ一生懸命に働くという努力する意志があったので、たとえ政治家からの積極的な政策はなくとも達成できたものと見なしてよい所得倍増計画であった。

高度成長は政治のイニシアティヴがなくとも達成できたのである、と言ってしまえば池田首相には失礼にあたるかもしれないが、少なくとも政治の世界から声を大きくして掛声を出したことによって、国民に大きな希望を与えたという意義はあったのである。

池田は「貧乏人は麦を食え」「中小企業の一部倒産もやむを得ない」などという一見暴言をはいて批判を受けたが、決して秀才ぶらずに庶民の味方のような顔をして政治と経済を運営した姿は率直に評価してよい。同じ京大出の近衛文麿が公家育ちの気位の高い政治家であったのと比較すると、池田の場合にはそういうところがなく、しかも優秀なブレーンをフルに使いこなしたのである。

3　東大出の活躍ぶり

少ない東大出の企業人、でも出世はしている

官僚養成学校としての東京帝大、その卒業生はどの分野に進出しているかを知ることによって、その実態を確認しておこう。**表2－2**は1892（明治25）年の帝国大学時代、そしてその10年後の1902（明治35）年の東京帝国大学時代に、政府・公的部門と民間・私的部門にどの割合で就職したかを示したものである。ここで政府・公的部門とは、行政官・司法官・技術官・官庁医員・学校教員などを含み、民間・私的部門とは、銀行会社員、会社技術員、弁護士・開業医・自営業などを含んでいる。

この表によると1892年では実に77％の卒業生が、1902年では71％が公的部門に就職しているので、過半数が公務員になっている。官僚養成学校であったことが如実にわかる。特に1892年では法科生の90％が行政官と司法官になっているのであり、法律専攻者の特色がよく出ている。文学、理学、農学生の高い公的比率は、卒業生が公立学校（特に旧制中学や高校）の教員になっていることが主たる要因である。興味のあることは、工学専攻者に関しては、公的部門と民間部門がほぼ半々なので、技術者は民間部門に行く人が結構多かったのである。民間企業とはいえ、これらは官営の工場や鉱山が民間に払い下げられた企業が中心なので、旧公的部門に就職したと言ってもよい。

10年後の1902年も10年前とそう変化はないが、一つ注目を引くことは、法学を学んだ人のうち、銀行会社員になった人がかなり増加したことが影響して、公的部門比は90％から68％へとかなりの減少である。具体的には1892年では銀行会社員になった法科生はわずか8名にすぎなかったが、10年後にはそれが164名にまで増加しているのであり、東京帝大生の民間企業への就職が目立って増加したことがわかる。

明治時代の日本は官僚優先の時代であり、実業の世界に入ることは一段下と見なされていた。民間企業の方でも一部の官営払い下げ企業を除いて、それほど魅力的な仕事を提供していなかった。さらに実業界では、慶應義塾や東京高商（現・一橋大）などの卒業生で在学中に商業や経済の勉強をしていた人を優先して採用し、かつそれらの人が企業の幹部になると思われていたので、帝大出の人は実業界に進まないのであった。

しかし明治時代も中期になると殖産興業《しょくさんこうぎょう》政策も成功を示すようになったし、三井《みつい》・三菱《みつびし》・住友《すみとも》などの財閥系の企業が優秀な帝大生を採用したいという希望を持ち始めた。企業

表2－2　帝国大学卒業者就業状況（1892年と1902年）

1892年

	法	医	工	文	理	農	計
政府・公的部門							
行政官	104	1	1	25	10	53	194
司法官	114	--	--	--	--	--	114
技術官	--	10	129	--	55	52	246
官庁医員	--	124	--	--	--	--	124
学校教員	8	116	35	22	68	68	317
（小計）	(226)	(251)	(165)	(47)	(133)	(173)	(995)
民間・私的部門							
銀行会社員	8	--	--	--	--	1	9
会社技術員	--	--	107	--	10	--	117
病院医員	--	6	--	--	--	--	6
学校教員	2	--	2	4	2	4	14
弁護士	14	--	--	--	--	--	14
開業医	--	113	--	--	--	--	113
自営業	--	--	19	--	6	4	29
（小計）	(24)	(119)	(128)	(4)	(18)	(9)	(302)
合計	250	370	293	51	151	182	1, 297
公的部門比（％）	90	68	56	92	88	95	77

出典：『教育時論』No. 265。明治25年8月25日号より作成、天野『学歴の社会史－教育と日本の近代』より引用。

1902年

	法	医	工	文	理	農	計
政府・公的部門							
行政官	342	2	4	23	--	8	379
司法官	275	--	--	--	--	--	275
技術官	--	23	400	--	45	249	717
官庁・病院医員	--	255	--	--	--	--	255
学校教員	43	105	89	326	184	97	844
（小計）	(660)	(385)	(493)	(349)	(229)	(354)	(2, 470)
民間・私的部門							
銀行会社員	164	14	6	7	--	7	198
会社技術員	--	--	352	--	29	8	389
弁護士	103	--	--	--	--	--	103
開業医	--	195	--	--	--	--	195
その他	37	2	50	18	2	21	130
（小計）	(304)	(211)	(408)	(25)	(31)	(36)	(1, 015)
合計	964	596	901	374	260	390	3, 485
公的部門比（％）	68	65	55	93	88	91	71

出典：『文部省第三十年報』（94－96頁）より作成、天野『学歴の社会史－教育と日本の近代』より引用。

での実務の内容が産業発展とともに高度になりつつあったからである。当然のことながら企業はそれらの人を優遇する政策をとったのである。

しかも1897（明治30）年に京都帝大が設立されて帝大で学ぶ学生の数が増加して、これまでのように大半の学生を公的部門に送り込めるような時代ではなくなっていた。このように実業界において高い資質をもった人材への需要が高まったことと、人材の供給側からも民間企業への進出が避けられない時代となり、帝大生の民間企業入りの数が増加の傾向を示すようになったのである。

とはいえ実業界においては、慶應義塾や東京高商、あるいは商業学校出の人が社員の大多数派であることに間違いはなかった。企業では帝大出の人は少数派にすぎなかったのである。しかし企業での出世ということに関しては、帝大出身者が有利であった。

まずは実像で確認しておこう。**表2－3**は1900（明治33）年、1936（昭和11）年、1962（昭和37）年における大企業経営者の学歴構成を示したものである。ここで明治33年に注目すると、東大出よりも慶應出の人に経営者輩出率が、少しではあるが高かったことがわかる。昭和の10年代になると東大出が27・4％を占めてダントツのトップの比率を示していたことがわかる。

同じ官立大の東京商大（現・一橋大）も10・6％とかなり高く、私学の慶應義塾出身は9・4％と第三位にすぎなくなっていた。ちなみに第二番目の帝大である京大出は6・4％と低い比率にしかすぎなかった。京大出の少ない理由は、卒業生の数が少なかったとか、東大・慶應・東京高商などと比較して歴史が新しいこと、そして実業界に行く人が少なかったことの影響がある。京大は学者志向・教員志望が多かったのである。

東京帝大の優位性は萬成博《まんなりひろし》『ビジネス・エリート』によっても示されている。**表2－4**の大正期に注目すると実に34％が東大出身であることがわかる。なぜ実務（簿記、会計、商業、販売）などに強い慶應義塾や東京高商（商大）の卒業生よりも、大学で法律や行政を学んでビジネスのことをさほど学んでいない東大生の方が、企業でトップの経営者になったのであろうか。

表2－3　最高経営層の出身校

	1900年	1936年	1962年
官大	%	%	%
東大	1.7	27.4	28.1
京大	--	6.4	8.9
一橋大	0.2	10.6	9.4
東工大	--	1.6	2.2
その他	--	0.2	5.4
私大			
慶大	1.9	9.4	7.3
早大	--	2.8	4.7
その他	--	2.8	3.3
外国大	0.2	2.8	1.0
専門学校			
高商	--	4.6	10.3
高工	--	0.2	4.7
その他	0.4	3.4	3.8
その他	95.6	27.8	10.9

出所：青沼吉松『日本の経営層－その出身と性格』（日本経済新聞社、1965年）、116頁

表2－4
ビジネス・エリートの出身大学

大学	明治初期	大正期	昭和40年代
	%	%	%
東大	9	34	46
慶大	18	15	6
京大	0	1	9
一橋大	2	2	13
その他	71	48	26
合計	100	100	100
(実数)	(88)	(131)	(195)

出所：萬成博『ビジネス・エリート』(中公新書、1965年)

それを説明する要因としては次のような事情が考えられる。第一に、明治時代から戦前の日本においては、東京帝大に進む学生がもっとも高い学力を有しており、しかもエリートとして育てられる環境が東大には漂っている、と多くの日本人が考えてきた。

第二に、そのエリートの象徴は東大出の官僚なのであり、同じく東大出の民間企業人を社内で優遇することは、官僚優遇と同じ次元で考えてよい、という雰囲気が日本中に存在していたと言ってよい。換言すれば、官界において東大出がエリートにふさわしい仕事をしているのなら、民間においても東大出はエリートとして立派な経営者になるだろう、という期待感に満ちていたのであった。

第三に、企業での仕事の中身は官僚のように法律を作ったり、政治家の忠臣となって政治・経済の運営に携わることではなく、むしろ営業、管理、人事、経理といった実務のことがほとんどであった。そういう仕事に強いのは慶應義塾や東京商大出の人であるが、経営のトップはそういう実務に強い人をうまく使いこなせるだけで十分であり、経営判断はトップ経営者の東大出がすればよい、という仕事の棲み分け意識があった。もとより慶應義塾や東京商大出の人の中でも格別指導力に優れた人もいたので、そういう人も企業のトップになれたが、多数のトップは東大出が占めたというのが、戦前の日本企業の特色であった。

加藤高明《かとうたかあき》（１８６０（万延元）年―１９２６（大正15）年）

最後に、戦前の東大、官僚、実業界の関係を物語るのに役立つ人を紹介しておこう。それは加藤高明である。加藤については土田宏成《つちだひろしげ》「加藤高明」（御厨貴編『歴代首相物語』所収）から知り得た。加藤は東大出身の首相第一号である。若槻礼次郎が東大出身第二号、官僚出身第一号の首相である。加藤も外交官僚上がりなので官僚出身なのであるが、官吏登用試験の合格による官僚ではないので、あえて若槻を第一号とした事情がある。

加藤は帝大になる前の東大法学部を卒業してから、三菱会社に就職した。当時の官僚の世界では各省の付属学校出が役人になっていたので、加藤はあえて役人にならず三菱に入社したのである。しかし東大はそれなりのエリート校だったので、三菱でも期待された人物であった。

そこで三菱から派遣されて二年間のロンドン生活を送ることとなった。ロンドンで陸奥《むつ》宗光《むねみつ》（後の外務大臣）に出会い、親交を重ねる。帰国後の加藤は、三菱財閥の当主・岩崎《いわさき》弥太郎《やたろう》に見染められて、娘の春路《はるじ》と結婚し、将来は三菱の大幹部になることが予想されるほどの実業界のエリート予備軍であった。

しかし加藤は民間企業で生きるよりも、当時もっとも地位の高かった官僚の世界に、陸奥の誘いに応じて外務省に転職したのであった。明治時代の中期においては、「三菱家の婿」であっても官界の魅力は高かったことがわかる。加藤の場合にはまだ官吏登用試験がなかった時代なので、陸奥のコネと押しだけで官僚になれたのであった。

加藤はその後駐英公使となり、日英同盟に至る道筋をつくるため、親英路線の先頭に立って外交にあたった。その後外務大臣を何度か経験して、親英路線を堅持する外交の加藤を日本の政治の世界で知らしめたのである。最後に、1924（大正13）年から1926（大正15）年まで首相の座を射止めることに成功した。

加藤の政治家としての仕事を語ることはしない。加藤が実業界、官界、政界の三つの世界で生きた珍しい人生であったことを紹介することがここでの主な目的であったし、東大出のエリートの一つの姿を示すこともう一つの目的であった。

文学の世界は東大の圧勝

明治時代から現代まで日本文学は発展を遂げてきた。江戸時代からの日本固有の小説、短歌、俳句などは明治時代にも引き継がれたし、明治時代になると外国文化が大挙して流入して、外国文学にも日本人が親しむようになった。国文学以外にも、特に英文、仏文、独文、露文などが東大、早稲田、慶應などの古参の高等教育機関で教えられるようになり、これらの学校で学んだ人が文学の世界に馴染《なじ》むようになり、一部は作家として活躍するようになった。

筆者の独断と偏見で明治時代以降の作家の中でビッグフォーを挙げるとすれば、夏目漱石《なつめそうせき》、森鷗外《もりおうがい》、川端康成《かわばたやすなり》、大江健三郎《おおえけんざぶろう》である。前二者は明治の文壇《ぶんだん》を代表する作家であるし、国民的な作家といってもよい地位を占める人である。余計なことかもしれないが、現代の小学校の国語の教科書には、この二人の作家の文章が載せられないようになったと聞いた。明治時代の小説も古文として認識されるようになったのであろうか。

言うまでもなく後二者は昭和・平成の時代になってノーベル文学賞を受賞した二人であり、世界的に評価された作家であることは皆の知るところである。もとよりノーベル文学賞は日本語版から外国語版（特に英語）に翻訳されていないと世界から注目を浴びないし、国による受賞者の配分という側面もなきにしもあらずなので、多少の恣意《しい》性はあることにはあるが、川端と大江の受賞には多くの人が納得する点であろう。惜《お》しくもノーベル賞の選に漏《も》れたとされる三島由紀夫《みしまゆきお》や安部公房《あべこうぼう》もこの四人に準ずると言ってよい。

もっとも興味深いことは、このビッグフォーはすべてが東大卒業生ということにある。さらに三島と安部を加えれば、六人全員が東大卒なので、日本文学をリードしてきたのは東大といっても過言ではないのである。後に京大卒の作家も紹介するが、質・量ともに東大出身の人が日本の文学界を牛耳《ぎゅうじ》ってきたのである。なお早稲田や慶應もそれなりに有名な作家を輩出してきたが、東大には及ばなかったことは確実である。

とはいえ現代に至って日本の文学界を評価すると、東大の退潮が目立ち、早稲田大学の伸びが著《いちじる》しい。たとえば作家への登竜門とされる芥川《あくたがわ》賞や直木《なおき》賞では、最近では早稲田出身者が最大数となっている。さらに今後のノーベル文学賞の最有力候補は、これまた早稲田出身の村上春樹《むらかみはるき》とされるので、東大よりも早稲田出身の作家の活躍が目立っているのである。本書が関心を持つ京大卒はまあまあの作家輩出度と言ってよい。さらに加えれば、有名作家を生んでいる大学に注目すれば、必ずしも有名大学出身者だけではなく、非有名大学出身者の多くなっていることも現代での特色である。

話題を東大に戻すと、六人のうち文学を学んだ人は、夏目、川端、大江の三人にすぎず、他は文学以外を大学で学んだ人、というのが特色である。ちなみに、森は医学、三島は法学、安部は医学を学んでいるので、必ずしも学生時代に文学を専攻したのではない。一流の作家になるには必ずしも国文、英文などの文学を学ぶことが条件ではないかもしれない、ということを想像させうるが、これを断定することは避けておこう。

とはいえ、次に示すようにここで挙げた六人以外の東大卒の一流作家を調べると、国文、英文、仏文などの文学を学んだ人が多くいるので、文学を学生時代に学んだということは作家になるには有利になる可能性は高い、ということにしておこう。そう述べる最大の理由は、もともと文学に関心の高い学生が文学を専攻したいと希望するし、さらに東大の文学部では良い教育を行なっていたことも大きい。

もっとも、戦前の東大文学部の地位は他の学部（たとえば法科や工科）よりも地位が低かったことを強調したい。社会・経済の発展に寄与する実務家の養成を行なっていた他の学部では、日本や社会に役立つことをしていたが、文学部ではしょせん役に立たない人を輩出していたし、そこで学ぶ学生も自分の好きなことをしている道楽者《どうらくもの》と自他ともに認めていたからである。

東大出身の有名作家が減少した理由

少し話題はそれるが、最近になって東大が作家輩出で凋落《ちょうらく》した原因を考えてみよう。

第一に、東大や京大という国立大学の入試は、国語、数学、英語、理科、社会の五教科が課せられ、国語や英語が強いだけでは合格できない。特に作家になろうとする人には数学、理科の不得手な人が多く、国語・英語などが強くとも東大などに入学できないのである。私立大の入試、特に文科系であれば国語・英語・社会（それも一科目のみ）の三教科だけで受けられる。村上春樹（兵庫県立神戸高校という名門校で学んだ）がどこかで言っていたが、自分は数学・理科がからきしダメだったので、大学は早稲田しか目指せなかった、と興味あることを述べていた。

第二に、文学の世界が戦前のように必ずしも古典、外国文学、哲学、歴史学などの深い学識や教養を必要としない時代になっている。いわゆる純文学よりもライトノベルやスリラー・探偵物、マンガ・アニメなどが主流となり、学問の高遠さを習得しておかなくとも有名な作家になれる時代となった。

第三に、扱うテーマに関しても戦前や戦後のしばらくでは、「人生とは」「芸術とは」「恋愛とは」といった深遠《しんえん》なものを念頭におくことがあった。でも今は誰にでも起きそうな庶民の日常生活や家庭生活のことをテーマにするようになった。そうであるなら何も大学で学問として文学をマスターすることよりも、人間がどのような生活を送っているかを周到に知る経験をしている方が役立つのである。作家になる前のキャリアとして、たとえばやや特殊ではあるが、コンビニで店員をしていた、介護施設で介護人をしていた、自動車販売員や鉄道員をしていた、などさまざまな人生経験の役立つことが多くなった。もっともこういう職は食べるためのものではあったが。

第四に、戦後の東大生の就職先としては官界、大企業、学界、司法界、医者の世界などに魅力を感じることが多く、作家というリスクの高い職業を目指す人が少なくなった。特に東大生に多くなった受験名門高校出身者にこういう人が多い。逆に言えば、書くことだけで食べていける、という成功者になるには大変な覚悟が必要なのである。先ほど述べたコンビニ、介護施設、販売員などは東大卒業生と無縁であったことは容易にわかってもらえよう。また、東大で文学を学ぶ人は、作家よりも文芸評論家やマスコミ・出版という世界で働きたいと思うようになったこともある。

文学科卒の作家群

話題を東大での文学に戻そう。ビッグフォー、あるいはビッグシックス以外にも東大文科大学（現在は文学部）卒業の作家は綺羅星《きらぼし》のごとくいるので、ここで何人か（最大10人）を学科別に書いておこう。なお＊印は夏目漱石門下とされている。

（1）英文科：夏目漱石、鈴木三重吉《すずきみえきち》＊、久米正雄《くめまさお》＊、森田草平《もりたそうへい》＊、芥川龍之介《りゅうのすけ》＊、志《し》賀直哉《がなおや》、丸谷才一《まるやさいいち》、吉行淳之介《よしゆきじゅんのすけ》、梶井基次郎《かじいもとじろう》、上田敏《うえだびん》

（2）独文科：小宮豊隆《こみやとよたか》＊、内田百閒《うちだひやつけん》＊、中野孝次《なかのこうじ》、柴田翔《しばたしょう》、山本有三《やまもとゆうぞう》

（3）国文科：川端康成、谷崎潤一郎《たにざきじゅんいちろう》、尾崎紅葉《おざきこうよう》、堀辰雄《ほりたつお》、大岡信《おおおかまこと》

（4）仏文科：渡辺一夫《わたなべかずお》、森有正《もりありまさ》、太宰治《だざいおさむ》、三好達治《みよしたつじ》、辻邦生《つじくにお》、大江健三郎、小林秀《こばやしひで》雄《お》、福永武彦《ふくながたけひこ》、中村真一郎《なかむらしんいちろう》

文学科以外にも、東大出の有名作家は多くいるが、ここでは文科大学（文学部）の教育と人の結びつきを主として語るため、それらの人は書いていない。

東大出がこれほどまでになぜ多くの一流・有名作家を輩出したのか、それを簡単に概観すると次のようになる。第一に、明治時代では京大が創設されるまでは唯一の帝国大学だったので、全国から優秀な学生が東大に雲霞《うんか》のごとく入学してきていた。本流は何度も強調したように、法科大学に入って官僚になるコースであったが、とにもかくにも優秀な人の集まる東大には、本流を目指さない文学青年、文学少年などにとっても魅力になっていた。

第二に、優秀な帝大生は入学の前に旧制高校で学んでいたが、旧制高校での教育の中心は語学教育と大学予科としての教養教育であった。英語、ドイツ語、フランス語などは徹底的に鍛えられたし、文学・古典・哲学・思想などの教育を受けていたので、大学に進んでからも外国語の小説、論文、評論などは比較的簡単に読みこなせる学力を身に付けていた。語学力と教養豊富な大学生は、英仏独の文学作品の消化にまったく問題はなかったのである。これら教育の成果が文学の教育にとって重要な役割を演じた。

第三に、文学科の創設当時の教授に優秀な人がいて、それらの下で教えを受けた学生が、作家になるべく訓練を受けたことが大きかった。初期の帝大では外国人教師が多くいて、教育を熱心に行なったし、学生もそれらの教師を慕ってよく学んだのである。たとえば、英文科のジェームス・ディクソン、ラフカディオ・ハーン（日本名・小泉八雲《こいずみやくも》）、哲学科のラファエロ・フォン・ケーベルなどが代表例である。設立当初は日本人でふさわしい教育をできる先生がいなかったので、高給でもって外国人教師を帝大では招かざるをえなかったのである。こういう外国人教師の下で、英文の夏目漱石や仏文の辰野隆《たつのゆたか》、哲学・倫理学の和辻哲郎《わつじてつろう》や九鬼周造が育ったのである。

第四に、高給の外国人教師への批判が高まったことと、外国人教師の下で日本人学生の育成が成功し、次第に文学科や哲学科の教員として日本人が就《つ》くようになった。これら日本人の教授が偉大だったので、優秀な門下生が多く集まるようになり、文学の教育は発展を示すことによって作家が多く育つようになったのである。

第五に、経済発展初期の段階では、人々、特に若い人の間で「人間とは」「芸術とは」「恋愛とは」といった話題に注目が集まったし、高校や大学でこういうことを議論する雰囲気が強かった。多くの若者が文学や哲学に関心が強かったのである。

第六に、次に述べるように東大のまわりにいる人々が文学サロンみたいなものをつくって、作品の評価や小説・詩などの作成方法を皆で議論する場があったので、自然と作家の養成に役立った。そういう場が魅力となって、東大に人が集まったのである。

夏目漱石（１８６７（慶応３）年―１９１６（大正５）年）

日本文学を語るときこの人の功績には絶大なものがある。作品の素晴しさと人気の高さは言うまでもないが、ここでは彼に続く作家、評論家を生むという大きな仕事をしたことを強調したい。

漱石は府立一中、二松学舎、神田の英学塾などで短期間学んでから、大学予備門（後の第一高等学校）に入学後、その学校が第一高等中学校と改名されてから、その学校を首席で卒業した。そこで俳人・正岡子規《まさおかしき》と仲良くなった。東京帝大英文科に入学・卒業する。先ほど述べたディクソンの教えを受けた。英語・英文学の学力は頭抜《ずぬ》けていたとされる。

卒業後、旧制松山中学（現・松山東高校）、旧制第五高等学校（現・熊本大学）の英語教師を経て、ロンドンに留学するが、よく知られているように、漱石のロンドン滞在は苦《く》渋《じゅう》に満ちていた。持病の神経衰弱や胃病に悩み、しかも英文学の勉強にも熱心ではなかった。帰国後にラフカディオ・ハーンの後を継いで、東大英文科の講師に就任するが、講義はさほどうまくなかった。それよりも、持病の神経衰弱や胃痛に悩み、英文学の教育・研究に没頭するよりも創作作家の道を選択するため、東大を辞めて朝日新聞社に入社する。

もとより、処女作『吾輩は猫である』をはじめ、『坊ちゃん』『草枕』などの作品が成功を収めたので、文人として生きていける自信が漱石にあったことも、東大を辞めて朝日新聞社に入った有力な理由の一つである。

しかし、伊東乾《いとうけん》『バカと東大は使いよう』は漱石が東大という官学に見切りをつけたことを強調する。伊東は「大学で行う学問」と「大学教師という職業」を漱石が嫌ったと主張している。そこでは、『坊ちゃん』の中での登場人物に注目して、諸悪の根源である教頭の「赤シャツ」は、並みいる中学校の先生の中で唯一の帝国大学の出身であり、それを鼻にかけるいやらしい俗物人間として描かれている。

漱石は自分が帝国大学出身でありながら、あえて「赤シャツ」をスケープ・ゴートにして、帝大すなわち官学のいやらしさを強調したかったのである。その官学を辞した漱石を、伊東は「あっぱれ」と評価している。

伊東の夏目漱石解釈は斬新《ざんしん》で魅力はあるが、筆者は漱石が創作作家として自信が出てきたので、東大を辞したと考えたい。人間は生活の糧《かて》を失うと生きていけないわけで、たとえ東大という官学において、おもしろくもない英語・英文学を研究・教育せねばならなくとも、職を辞せばたちまち食べることに困ることになる。家族を養う必要もある。私が経済学者であることの宿命から、経済生活の大切さを強調しすぎているかもしれないが、漱石にとっては東大を辞しても食べていける自信があったからと考える。

むしろここで強調したい点は、作家という創作活動を行なう文学専攻者と、文学の解釈や評論など、そして教育を行なう大学での文学研究者の違いのあることに気が付きたい。漱石は大学での文学研究や教育を嫌ったとまでは言わないが、それに馴染めず自分の生きる道は小説を書くことと決心したし、それで生活の糧を得るようになったのである。

教育の下手であった漱石ではあったが、東大時代の教え子を中心にした門下生は、次々と戦前を代表する作家として育ったのである。たとえば有名な「木曜会」では、漱石を慕《した》う教え子や自称の弟子たちが毎週木曜日に漱石の自宅に集まり、文学をはじめさまざまな話題を議論する私的な会合を開催していた。漱石が東大を辞して朝日新聞社に移った頃のことであり、漱石の作家として知名度が高くなったことが、多くの人々を引き付けたのであった。

木曜会のメンバーの一部を列挙しておくと、鈴木三重吉、小宮豊隆、森田草平、内田百閒、寺田寅彦《てらだとらひこ》、阿部次郎《あべじろう》、安倍能成《あべよししげ》、芥川龍之介、久米正雄などであった。後になって、作家、評論家、教育者として指導的な立場に就いた人の多いことに気付いてほしい。漱石の功績は文学を教えたというよりも、彼の偉大さを慕って弟子入りした人を育てた、あるいは自分で育っていったことにあると解釈している。

木曜会のメンバーのうち、何人かを簡単に述べておこう。鈴木三重吉は数少ない東大英文科での漱石の教え子であり、児童文学の分野で先駆《せんく》的な仕事をした人である。小宮豊隆は英文科ではなく独文科の学生だったのであり、後に東北帝大の文学教授となって文化・芸術論での中心人物となった人である。漱石に私淑《ししゅく》したことは有名で、著作に、伝記『夏目漱石』がある。ところで漱石の小説『三四郎』はこの小宮がモデルとなっているし、東大構内には三四郎が美禰子《みねこ》と会ったとされる池が、三四郎池と呼ばれている。

森田草平は英文科の卒業生で作家・翻訳家として知られるが、彼を有名にしたのは日本女子大出の平塚《ひらつか》らいてうと心中未遂事件を起こしたことによる。なお平塚については拙著『女性と学歴　女子高等教育の歩みと行方』における日本女子大の章を参照されたい。芥川龍之介は英文科の卒業であり、学生の頃から木曜会に出入りした漱石の門下生である。『羅生門』『鼻』『杜子春』などの短編作家であり、彼の名は現代でも「芥川賞」で知られている。若くして自殺した。寺田寅彦は物理学者でありながら、エッセイストとしても知られている。漱石が五高（現・熊本大）の教授だった頃からの教え子であった。

このように述べてくると、東大英文科で教える人とそこで学ぶ人の間で、小説家や評論家を生む雰囲気の漂っていたことがわかる。特に有名作家としての漱石の存在はこの雰囲気の象徴として貴重であった。漱石が東大で教えた期間は短かったので、直接の教育者としての役割はそう大きくなかったが、大作家として多くの人を引き付けたことが、東大出の作家誕生の遠因となったのである。

漱石の作品のうち、一つ（すなわち『それから』）を取り上げて、筆者の関心がある格差社会と関係づけておきたい。主人公・代助《だいすけ》が父から裕福な資産家である娘との結婚を勧められる件《くだり》がある。漱石流の高等遊民を夢見る代助はこれを拒否し続けるが、さほど働く意思のない代助はこの結婚を認めれば高等遊民になれるのであるから、拒否は矛盾に満ちた行動なのである。

資産家の娘との結婚を勧めるシーンは、バルザックの名作・『ゴリオ爺さん』にも出てきており、フランスの経済学者・ピケティはその著作『21世紀の資本』の中で、バルザックの著作を引用した。ピケティはこの書において、資本主義経済は宿命的に高所得・高資産という富裕層がますます豊かになる特色のあることを、理論と二〇カ国のデータで証明したのである。そしてそこでは遺産相続も重要であると主張した。

日仏ともに手っ取り早く裕福になる方法は、結婚によって配偶者の富を得ることに尽きる、と言ったことが主張されているのである。ピケティと筆者はともに格差社会を論じたのであるが、日仏の大作家である漱石とバルザックが小説の中で、世襲を介してのお金持ちになる方法を説いていることが興味深いので、あえて『それから』に言及した次第である。

東大仏文科での教育と人材輩出

東大仏文科は非常にユニークな存在である。ごく少人数の教員と学生から成るミニチュア学科であるが、教員そして卒業生には眼を見張る人がかなりの数存在している。教員としては、日本人に限定して辰野隆、渡辺一夫、森有正の三名、卒業生としては太宰治と大江健三郎を代表として論じておきたい。

旧制の帝国大学文科においては、英文科と独文科が中心で輝いていた。その理由は単純で、英文科は英米の二大強国（特にイギリス）が世界を制覇していたことからくる英語の重要性、独文科はドイツ帝国の強さと医学・理工学などの学問の強さによってドイツ語を学ぶ必要性が高かったことによる。先に述べた筆者によるビッグフォーの一人・森鷗外が、東大で医学を学んでからドイツに留学したことで象徴される。もとより英国はシェークスピア等、ドイツはゲーテ、シラー等の文学で有名な歴史のあることも見逃せない。

英独文学と比較して、仏語・仏文の地位は低かった。これは末期の江戸幕府がフランスの支援を受けたことによって、明治の新政府の中ではフランスの影響力が弱くなったことがある。さらにフランスは産業・経済の強さというよりも、文学、芸術、ファッション、ワインといったように文化や文明面での注目度が高く、ごく一部の好事家《こうずか》のみが愛する国と見なされていたからである。

その証拠に旧制高校で第一外国語としてどの言語を選択するかに際して、英独語の人気が高く、仏語は「軟文学好みの軟派」が選択する言語として、半ば軽蔑されていたのである。旧制高校では英独選択組は甲《こう》・乙《おつ》組と称されていたのに対して、仏選択組は丙《へい》組という最下位にいたし、少数の専攻者しかいなかったことが象徴的である。

このことは帝大文学部の中でも反映されていて、仏文科の地位は低かった。ところがである。むしろ少数者扱いをされた人々の反抗心、結束力、愛情には強いものがあって、人々の探求心、勉強する意欲は強く、仏文科は教育・人材輩出で力を発揮するのである。日本人による初代の仏文科教授は辰野隆であるが、彼の功績には大きいものがある。東京駅や日本銀行の建築で知られる辰野金吾《きんご》の長男である隆は、父の実務志向に逆らうことなく、東大法科に進学した。多分官僚の道を歩もうとしたのであろうが、本人は自分の好みに忠実となって仏文科に入りなおして、仏文科教授となった。

辰野はフランス語と仏文学の教育をしっかり行なって、次の教授・渡辺一夫や助教授・森有正を生んだし、文学・評論の世界で第一級の人となる太宰治、小林秀雄、三好達治などを育てたのである。辰野自身の研究者としては、仏文学の啓蒙家・紹介者としての域を出ることがなかったが、教育を大切にしたことは評価されてよい。

次の教授は渡辺一夫であった。この人の名前は筆者の世代にとってもよく聞く名前であり、仏文学界での巨匠《きょしょう》であるとともに、多くの有能な研究者・作家を生んだところの、言葉は悪いが大ボスであった。研究実績としては、フランス人からも難解とされたラブレーの研究でいい仕事をしたし、エラスムスやモンテーニュにまで関心を広げて、フランスにおけるユマニズム（英語ではヒューマニズムと称する）の研究で第一人者となった。

渡辺の研究業績一覧を見たが、日本語による研究書と翻訳書が多くあり、フランス語によるものはあまりなかった。これではフランス本国におけるラブレーやモンテーニュ研究にほとんど影響を与えなかったのではないかと想像されるが、当時の日本の学界の水準を考えると仕方のないことであった。渡辺については、渡辺著『師・友・読書』を参照されたい。

むしろ渡辺の人材輩出力のすごさを強調したい。高校時代に渡辺の文章を読んで感銘を受け、彼の下で学びたいと東大仏文科に入学してきた大江健三郎を代表として、辻邦生などの一流作家を生んだのである。興味のある人物は中村真一郎である。東大仏文科の教師になれるほどの学力の持ち主であって、助教授採用の話まであったが、本人は研究者よりも創作の人になりたいと希望して、作家・評論家を選んだのである。二足のワラジは無理というのが彼の判断であった。文学研究者と創作に携《たずさ》わる作家の優劣を論じる気はないが、文学の世界では永遠のテーマなのであろう。

最後は、仏文科助教授の地位を投げ捨ててフランスに渡った森有正である。この人は初代の文部大臣で帝国大学をつくった森有礼の孫である。個人的なことを述べて恐縮であるが、森有正の『バビロンの流れのほとりにて』などの著作に憧れて、フランスかぶれとなってしまった筆者にとっては思い入れのある人であるし、筆者の在仏中に会った人でもある。とはいえ、実際に会うと風采の上がらないオッサンであった。憧れの人には会うなの教訓を感じたのであった。かといって名文家の森有正を傷つけるつもりはない。

彼は日本にいながらパスカルやデカルトを中心とした哲学・文学の研究をすることの限界を感じたのであり、フランス生活を体験してはじめてフランスの哲学・思想がわかるのではないか、という期待のもと、東大の地位や家族を捨てて渡仏したのである。森がこの目的をどれだけ達成したのかを論じる資格がないので、そのことについてはこれ以上言及しない。

東大仏文科をまとめてみよう。官僚や実業家のエリート養成という目的からすると仏文科の地位は低いし、同じ文科内にあっても英文科や独文科と比較しても役割は小さかった。しかし小さい世帯ながら、教育はしっかり行なっていたし、学科内での切磋琢磨による効果、そして少ないながらも能力の高い、しかも文学に意欲の高い人の入学によって、東大仏文科は日本におけるフランス文学研究、そして作家の輩出において、随一《ずいいち》の貢献をしたことは確実である。

劣位にある京大出の文士

綺羅星のごとく有名作家を輩出した東大と比較すると、京大の作家輩出には寂しいものがある。独断と偏見を覚悟で名前の良く知られた作家を挙げれば、菊池寛《きくちかん》、大岡昇平《おおおかしょうへい》、井上靖《いのうえやすし》、高橋和巳《たかはしかずみ》、野間宏《のまひろし》などであろうか。東大出の有名作家と比較すれば、その数ははるかに少ない。

なぜ作家の世界では京大は弱いのであろうか。いろいろな理由が考えられる。第一に、東京帝大が夏目漱石や森鷗外をすでに生んでいたので、文学や小説などに関心のある学生は、東大を目指そうとしたことは自然なことであった。東京帝大は京都帝大に先がけてつくられた大学だったので、東京帝大が作家の育成に成功している姿を若い人が知ることとなり、文学に関心の高い人、あるいは作家を目指す人が東大を志望するのは当然と思ったのである。

第二に、京都帝大文科大学（文学部）は別の箇所で示したように、西田哲学に代表される哲学、そして内藤湖南や桑原隲蔵に代表される歴史学（特に東洋史）や中国文学に特色があったので、意欲の高い文学部の学生はそれらの科目を専攻する傾向が強かった。逆に言えば、英文、独文、仏文などの学科には向学心の高い学生がさほど入学してこなかったのである。

第三に、これも別の箇所で述べたことであるが、京都帝大が創設から年月を経て発展期に入ると、理学部や経済学部に有名教授がいて繁栄を示すようになり、そちらに進学する優秀な学生が増加して、官僚になるなら東大法科へという認識から京大法科が人気を失ったように、文学部文学科への人気も高くはなかった。

このようにして、理学、哲学、歴史学などを中心にして学問の京大という名声が高まるとともに、京大での文学はどうしても目立たなくなり、作家の輩出において東大よりもかなりの劣位であることが確立したのである。

数少ない京大出身の作家の中では、ノーベル文学賞の候補にもなった井上靖が多分もっとも高名であろうが、ここではユニークな作家として菊池寛を紹介しておこう、菊池は作家というよりも、文学界を育てた実業家としての役割が重要である。麻雀や競馬狂であったし、純粋な文学者になりきれなかった彼らしく、京大文学部英文科に入学する前には。さまざまな学校の入学・中退を繰り返していた。しかも京大でも旧制高校の卒業者ではなかったので本科生ではなく、西田幾多郎が東大で本科生でなかったことと同様に、選科生であった。

菊池は新聞社の記者となり、小説家をも目指すが、彼の本領は文芸作家の発表の場をつくったり、貧乏作家への経済支援ということで発揮された。その一つは今でも存続している雑誌『文藝春秋』の発刊であり、後には映画会社・大映の社長になったこともある。これらのことは菊池を経済的に裕福にしたので、若手の貧乏作家への支援ができたのである。菊池が芥川賞と直木賞を設立したことは皆の知るところであるが、このような若手作家の登竜門を菊池が作ったことは、作家界のアントレプルナー（企業家）として記憶されてよい側面を顕示《けんじ》している。

純粋作家としてよりも、無頼派による作家群の育成に貢献した菊池の功績は、自由を尊重する京大出身らしいとの評価も可能であるが、京大の自由な学風が菊池をそうせしめたというよりも、むしろ菊池の個人的な性格によるところが大であった、と解釈している。

第3章 戦後の発展

戦後の大学界の変化

第二次世界大戦の敗戦により、日本の社会・経済は大きく変化することとなった。GHQ（連合国軍最高司令官総司令部）の勧めにより、農地改革、財閥解体、民主化路線、労働者保護などの政策に加えて、教育制度も大きな変化を遂げた。主なものを列挙すれば、六・三・三・四制の導入、小学校と中学校の義務教育化、男女共学の原則化、教育の民主化などであるが、東大・京大に関していえば帝国大学の廃止と、それらを新制大学の一つとしたことであった。「帝国」という名称はなんとなく皇国主義、帝国主義、侵略主義の片棒を帝国大学が担《かつ》ぐ印象を与えたので、「帝国」という言葉を外して、東京大学、京都大学にしたのである。

具体的には、1947（昭和22）年の学校教育法の制定により、旧制大学は新制大学となったのである。東京大学は旧東京帝大、第一高等学校と東京高校が合併し、前者は主として本郷地区の専門学部、後者は駒場地区の一・二年生対象の教養学部となった。京都大学は旧京都帝大と第三高等学校が合併したものである。前者は専門学部、後者は教養部となったのであった。ほとんどの大学は旧制高校を母体として、一・二年生対象の教養部となったが、東大だけは教養部に三・四年生の専門課程もあったので、教養学部と呼ばれることとなった。
大学における教育改革をもう少し述べると、文部省は新制大学への移管において、大学間に格差を設けることとした。それは旧制のときから大学であった大学と、旧制高校・専門学校や師範学校が新制大学に昇格した場合とで、制度上で区別をしたのである。具体的には、旧制大学は大学院を併設した講座制にして研究費の支給額を多くしたが、後者では大学院をつくったとしても修士課程だけであったし、研究費も少なかった。なおこの格差は1990年代に大学院大学とそうでない大学との制度上の区分でより明確となったし、現在ではそれをさらに三つに区分する制度改革が実行されようとしている。そのうちの旧帝大を中心としたトップのグループは「スーパーグローバル大学」と称されて、格別の待遇をする方向に走っている。

東大・京大がトップにいる理由

新制大学になってから、名目上は各都道府県に原則として一つしかない国立大学にすぎない東大と京大になってしまったが、実は戦前の帝国大学のときよりその実質的な評価・名声は高まったのである。その最大の理由は、旧制の時代にはせいぜい40大学ぐらいしかなかったところに、戦後になって多くの大学が新設されたので国立・公立・私立を含めると一挙に数が増加したし、現代においてはおよそ800近くの四年制大学が存在する時代となっている。これだけ多数の大学が存在すれば、自《おの》ずとトップの大学の地位はますます上昇すること明白である。

もう一つ帝国大学に関して言えば、戦前は内地に限れば七校（北大、東北大、東大、名大、京大、阪大、九大）あったが、少なくとも名目上、あるいは法制上の格差はなかった。とはいえ実質的には東大・京大がその中でも抜きん出た存在であったことは確実であった。特に明治時代においてはすでに本書でも強調したように、東大が京大よりも高い地位にいたことも事実であった。京大は旧制高校の卒業生（本科生と呼ばれていた）だけでは入学生を確保できず、専門学校や高等師範学校出の入学生（選科生と呼ばれていた）をも引き受けていたので、「選科大学」と東大生から揶揄《やゆ》されていたほどであった。

戦後の教育制度の改革によって東大・京大の評価が高くなったのは、現実的な理由もある。東大に関しては、エリート官僚の養成校であるとの地位は戦後になっても保持できたし、首相・大臣などを多く輩出し、かつ民間企業でも社長や重役を多く生み続けたのであった。京大に関しては、学問の世界で第一級の学者を多く抱えたし、その供給源として優秀な学生を多く卒業させたことが名声の理由となったことが大きい。特に湯川秀樹教授による日本人・第一号のノーベル賞受賞は日本人に自信を与えることとなり、京大はその象徴となったのである。

いわゆるエリートと称される地位に就く人の数からすると、東大の方が京大よりも多かったのであるが、大学は学問研究をする場所という本質論に忠実であるなら、「ノーベル賞大学」の異名を獲得した京大は、学問の府ということで東大とともにトップの評価を受けたのである。

東大と京大が日本でのトップの大学として君臨したことは、文部省（当時）での対応の仕方によっても確認できる。国立大学であった両大学（今は国立大学法人である）の学長や教授の俸給は人事院規則によって細かく決められていた。人事院規則9―42の別表を引用してみよう。これらは現代のものである。

12号俸：東京、京都
11号俸：北海道、東北、筑波、名古屋、大阪、九州
10号俸：千葉、東京工業、一橋、新潟、金沢、神戸、岡山、広島、長崎、熊本

9号俸：弘前、秋田、山形、群馬など15大学

当然のことながら、数字の高い号俸ほど俸給は高い。まず東大と京大のみが最高給である。いかに文部省がこの両大学を重視しているかが、学長の俸給表によってわかる。次に高い俸給は旧制帝国大学と筑波大学である。旧帝大が二番目にあるのはよくわかるが、筑波大の地位の高いのには説明を要する。旧東京教育大が筑波大となったのであるが、東京教育大が伝統校であったことに加えて、筑波大への移管はかなりの反対論があった。その中で、文部省の主導のもとでかなり強引に移管がなされた経緯があるので、文部省としても旧帝大並の大学と見なして、重視する姿勢を示したのである。

次の地位にいる10号俸校は、戦前から旧制の大学であったところが並んでいるし、9号俸は戦前では大学ではなく、専門学校、旧制高校や師範学校が新制大学に昇格した大学である。ここに列挙していない国立大学もあるが、ここでは言及しない。

学長の俸給表から東大と京大がトップの位置にいることが明白であるが、他にもそれを証明する事実がある。

第一に、国立大学の学長が集まって国立大学のことをいろいろ議論したり、政府への要

求事項を決定する「国立大学協会」という組織があるが、そこの会長は通常は東大の学長がなり、時折京大の学長がなるような慣例となっている。この二大学の中では東大が京大よりも地位が高い、ということを暗示しているが、東大と京大が協会長大学にふさわしいという位置づけになっている。

第二に、国立大学の事務局長には文部官僚が派遣されてくることが多いが、東大と京大には本省のキャリア官僚の中でもトップとは言わないが、エリートの送られることが多い。

第三に、東大などの旧七帝大の学長は「総長」と呼ばれることがある。なんとなく「総長」が「学長」よりも格上のイメージを与えるところがある。その最上にいるのが、東大総長・京大総長なのである。

入学してくる学生の質

大学教育の良し悪しは、入学してくる学生の質、教育する教授の研究上の質と教え方、教育・研究するに際しての設備の完備度、図書施設の充実度やインターネット設備の完備度、などに依存する。特に入学してくる学生の質は、講義内容をどの程度理解してそれを発展させうる能力判定の基準になるし、学生同士の切磋琢磨によって、より高い学識なり研究水準の向上が期待できるから重要である。東大と京大の教授による研究水準そのものに関しては別の章で論じるが、実は学生の学力の高さもその大学の研究水準に寄与する面がある、ということを強調しておきたい。

大学での研究は教授が学生（特に大学院生）と研究チームをつくって、共同研究を行なうことが多い。教授のアイディア提供のもとで学生が実験や観察をすることによって、一つの研究論文に仕上げるというスタイルが、特に理科系や医薬系を中心にして多い。有能な学生であれば優れたアイディアを研究上で出すこともあるし、大規模や忍耐の必要な実験に若い力の貢献は欠かせないのであり、優秀な学生を抱えることは、教授陣の研究成果を高めるのに役立っていること確実なのである。

表3－1は1957（昭和32）年と2016（平成28）年度における東大と京大での出身校別の合格者数を示したものである。この表に関するここでの解釈は戦後10数年を経てからの分に特化して、現代の分については別の所で解釈する。なぜならば、旧制大学が新制大学に変化したときに大学進学者の出身校に変化があったかを調べたいからである。

戦前においては、東大や京大に進学する学生は第一高等学校や第三高等学校を筆頭にし

表３－１　東大・京大合格者の出身校別人数（1957年と2016年）

東大				京大			
1957年		2016年		1957年		2016年	
出身校	人数	出身校	人数	出身校	人数	出身校	人数
日比谷	107	開成*	169	洛北	53	洛南*	68
新宿	94	筑波大附属駒場	102	鴨沂	37	東大寺*	64
戸山	80	灘*	94	膳所	34	堀川	60
西	68	麻布*	94	北野	32	北野	60
麻布*	57	渋谷幕張*	76	灘*	30	星光学院*	58
東京教育大附属	48	聖光*	71	朱雀	29	洛星*	58
小石川	45	桜蔭*	59	大手前	24	天王寺	56
湘南	39	東京学芸大附属	57	天王寺	24	甲陽学院*	54
両国	37	駒場東邦*	57	住吉	23	西大和*	49
上野	33	栄光*	57	紫野	22	膳所	46
開成*	33	日比谷	53	山城	21	灘*	46
武蔵*	27	ラ・サール*	44	高津	19	旭丘	35
小山台	25	豊島岡女子*	40	神戸	16	東海*	32
立川	24	早稲田*	38	奈良女子大附属	16	三国ヶ丘	31
灘*	23	東大寺*	37	日吉ヶ丘	16	神戸	30
浦和	22	久留米大附属*	37	姫路西	14	大手前	29
北園	21	女子学院*	34	彦根東	14	西京	28
千葉一	21	西大和*	33	堀川	14	大阪桐蔭*	26
広島大附属	21	千葉・県立	32	福知山	14	奈良	26
都立大附属	19	筑波大付属	32	茨木	13	四天王寺*	25
		西	32	豊中	13		
				桃山	13		

注：（＊）印は私立学校

た、いわゆるナンバースクールの旧制高校や一部の七年制の名門高校出身者が多かったのであり、その伝統が続いているかの検証が目的である。なお、旧制の名門高校に進学した人の多くは、旧制の名門中学の出身者の多かったことを認識しておこう。

表によって次のことがわかる。第一に、昭和30年代において、東大や京大に学生を送りこんだ高校の多くは、公立高校であることがわかる。しかも旧制の第一中学校やナンバースクールの中学校（すなわち一中や二中）、あるいはそれに類する地位を占めていた名門中学校が新制の高校となった高校が多い。

ちなみに東京の日比谷高校は旧府立一中であったし、京都の洛北高校も旧府立一中という名門だったので、これらの新制高校も優秀な生徒を多く抱えた名門高校となっていたのである。新宿、戸山、西といった都立高校、鴨沂《おうき》（旧府立一高女）、膳所《ぜぜ》、北野という公立高校も、京都、大阪、滋賀における旧制の名門中学の後身高校である。順位20番までの高校のほとんどは、旧制中学の頃から名門であった学校でもある。東大と京大は優秀な生徒の集まる名門高校出が圧倒的に多かったのである。

第二に、東大も京大も地元出身者の多いことがわかる。東大であれば、多数を送り出している高校は東京都、神奈川県、埼玉県、千葉県という、いわゆる東京圏の地元高校である。これ以外の府県は兵庫県の灘と広島県の広島大附属だけである。京大もまったく同様で、京都府、大阪府、兵庫県、滋賀県、奈良県という近畿圏ばかりである。

東大と京大という両双璧校、実は全国から優秀な学生を集めていたのではなく、戦後のかなりの長期間にわたって、地元出身の優秀な高校生で固めていたのである。地方出身者もいることにはいたが、東大が主として東日本、京大が主として西日本地域の出身者を集めていたと言ってよい。地元志向の強かった理由の一つとして、戦後の何十年か日本はまだ豊かではなかったので、子弟を遠くの地域の大学に送れるような経済的な余裕がなかったのである。

第三に、第一に述べたことの裏返しであるが、私立高校の出身者の数は非常に少なかった。東大・京大に出身校生を送っていたのは、麻布、開成、武蔵、灘の四校にすぎなかった。２０１６（平成28）年の結果については別のところで詳しく検討するが、私立高校出の目立っているのが現代の特色になっていることと比較すると、大きな違いである。

東大と京大での比較はどうか

入学してくる学生の質に関して、東大と京大がトップ級の質の高い学生を入学させていたのは確実であるが、両校の間には差があったのだろうか。それがここでの関心である。偏差値などの入学難易度によって両校の比較を見てみよう。**表3－2**は、東大・京大と他の国立大学との比較を、経済学部を例にして示したものである。

この表でわかる第一の点は、確かに東大と京大が他の国立大学の入学難易度よりも、50年間の長期間にわたって高いことが明白である。東大・京大という双璧の大学であるということが、入学者の質の高さで示されているのである。

第二に、とはいえ東大が京大よりも入学難易度がすべての期間にわたって、少しながら高かったのである。東大・京大と一括《くく》りにしてトップ大学と称されるが、細かく言えば東大の方が京大よりも少しだけ入学が困難だったので、平均すれば京大生よりも東大生の質がわずかながら高かったのであり、そのことは現代でも変わっていない。

では理工系ではどうであったろうか。**表3－3**はそれを示したものである。この表を解釈するには両大学

2013年	
大学	偏差値
東京大	72
京都大	70
一橋大	69
大阪大	68
名古屋大	67
神戸大	67
東北大	65
北海道大	64
横浜国立大	64
九州大	64
千葉大（法経）	63
広島大	62
名古屋市立大	62
大阪市立大	62

60年は模試の合格者平均点

表3－2　国公立大学の経済学部における入学難易度の推移

順位	1960年		1981年		2007年	
	大学	点	大学	偏差値	大学	偏差値
1	東京大	225	東京大	69.0	東京大	67
2	京都大	214	京都大	68.4	京都大	67
3	一橋大	210	一橋大	68.2	一橋大	65
4	神戸大	196	大阪大	65.2	大阪大	65
5	大阪大	195	東北大	64.8	横浜国立大	64
6	名古屋大	190	名古屋大	63.7	神戸大	62
7	横浜国立大	190	北海道大	63.0	九州大	61
8	長崎大	177	神戸大	62.8	東北大	61
9	九州大	176	九州大	60.5	名古屋大	61
10	東北大	176	横浜国立大	60.3	北海道大	60
11	大阪市立大	172	金沢大	60.0	大阪市立大	59
12	和歌山大	171	大阪市立大	59.7	広島大	59
13	香川大	171	東京都立大	59.3	金沢大	58
14	滋賀大	170	岡山大	59.2	岡山大	58

出所：小林哲夫『ニッポンの大学』（講談社現代新書、2007年）をもとに作成
注：1960年、81年は旺文社模試、2007年はベネッセ、13年は代々木ゼミナール。

の入試の方法の違いを知る必要がある。すなわち東大は理Ⅰが理学部・工学部への進学コース、理Ⅱが理学部、農学部、薬学部への進学コースであり、各学部や各学科への振り分けは教養課程の修了後になされるのに対して、京大は理学部、薬学部、工学部（しかも学科別）ごとに募集している違いがある。

　このように入試の方法に差があれば、京大は学部と学科によって偏差値の格差が大きくなる（すなわち入試難易度の高い学部・学科と低い学部・学科の差が激しい）が、東大は学部別・学科別で募集しないのでそ

表3－3　理工系における東大と京大の入学難易度比較（代々木ゼミナールにおける偏差値）

	偏差値		
1991年	71		京大工（電気・情報）
	70		
	69		京大理　京大工（機械・高分子・建築・数理）
	68	東大理Ⅰ	京大理（工化・合成・衛生）
	67		京大薬　京大工（土木・原子核）
	66	東大理Ⅱ	京大工（精密・航空・金属・資源）
2000年	68		京大理　京大工（電気）
	67	東大理Ⅰ	京大工（物理）
	66	東大理Ⅱ	京大工（情報・地球・工化）
	65		京大工（建築）
2004年	68		京大薬
	67	東大理Ⅰ	京大理
	66	東大理Ⅱ	京大工（物理・情報・電気・地球・建築）
	65		京大工（工化）
2006年	67		京大理　京大薬
	66	東大理Ⅰ理Ⅱ	京大工（物理・建築）
	65		京大工（電気・情報）
	64		京大工（工化）
	63		京大工（地球）
2008年	67	東大理Ⅰ理Ⅱ	京大工（物理）
	66		京大工（電気・情報）　京大薬
	65		京大理
	64		京大工（地球・工化）

表３－４　最近の東大と京大の入学難易度比較

法学・政治学		経済・経営・商		理・工	
東大文Ⅰ	70.0	東大文Ⅱ	67.5	東大理Ⅰ	67.5
一橋大	65.0	一橋大	65.0	東大理Ⅱ	
京大		京大		東工大4類	65.0
大阪大		横国大経済	62.5	東工大7類	
名古屋大	62.5	名古屋大		京大理	
神戸大		大阪大		京大工	
北大	60.0	神戸大		北大理・工	60.0
東北大				東北大理	
大阪市大				東北大 1,2,3,5,6類	
九州大					

出所：2016年版『大学ランキング』(朝日新聞出版)、具体的には河合塾の「全統模試」および直近2年間の入試結果調査による

れが平準化されることとなる。この表はこのことを如実に物語っていることがわかる。しかし総じて言えることは、東大・京大を比較すれば理工系の入学難易度に大きな差はない、ということになる。先ほどの表は文科系の比較であり、東大が京大より少し高めという結果であったが、京大は理科系の大学というイメージが強いので、京大理系の人気度が高かったかもしれない。繰り返すが、東大と京大に入学してくる学生の質はほぼ同水準であった、ということになる。

現代の学生ではどうか

ここまでは過去のデータに基づいて東大と京大に入学してくる学生の質（それを偏差値で評価）を比較したが、現代ではどうであろうか。最新の

データを用いて比較したのが表3－4である。この表は東大・京大の文系・理系のみならず、それに続く大学を載せることによって、東大・京大の相対的地位を知ろうとしたものである。この表でわかる点は次のようなものである。

文系・理系ともに東大が最高位の入学難易度であるし、第2位の京大との差はやや開いたと判断される。しかも今までは東大・京大が同程度でそれ以下の大学との差が多少あったが、第2位の京大と同じ水準で阪大・一橋大、東工大などが並んでいることがわかる。これを換言すれば、一昔前では東大と京大の差はほとんどなかったが、現代ではその差がやや拡大した感がある。それは東大がこれまで以上に難易度がやや上昇したことと、京大がそれをやや下降させたことの合成である。後者の下降は阪大、一橋大、東工大などと京大との差の縮小をもたらした要因と考えられる。

東大がやや上昇し、京大がやや下降した最大の理由は、これまでは京大を志望していた西日本地区の優秀な高校生の中で、一部が東大を志望するようになったことによる。その理由として、第一に東京の大学に進学するには学費のみならず住居費などの費用がかなりかかるので、京阪神地区の優秀な高校生の多くはこれまでは京大への進学を希望していたが、日本の家庭の経済状況が良くなったことにより、東京にまで子弟を送ることのできる家庭の数が増加した。

第二に、これまでもその差は小さいが東大第一位、京大第二位だったのであるが、できるなら最高の大学で学んで、将来のキャリアのためになるような環境に身を委《ゆだ》ねたいと希望する高校生が増加した。

第三に、大学受験競争が激しい時代となって、高校間の競争も激化することとなった。東大に何人の生徒を送ったかがその学校の名門度となり、知名度の尺度となったことにより、高校側から東大進学を促す程度が増加した。これに関する象徴例として、神戸の私立灘高校が参考となる。１９６０年代は、灘高の進学先としては京大の数が一番に多く、東大への進学はそう多くなかった。

ところが１９７０年代に入るとこれまでは京大に進学していた学力の高い生徒が、東大に志望先を変えるようになった。ついに１９７３（昭和48）年には、灘高は全国の高校の中で関西の高校でありながら、東大合格者でナンバーワンになってしまったのである。その後しばらく灘高はトップの地位を保っていたが、東京の私立・開成高校がトップとなり、現在までその地位を保っている。

そこで現代における東大と京大の出身高校別合格者数を見てみよう。**表3―1**（１３５

ページ）がそれを示したものである。昔との比較で得られることを書いておこう。第一に、東大に関しては確かに東京圏以外の高校から合格した生徒の数は以前より増加したが、高校名も灘高以外に福岡県の久留米大附属、奈良県の東大寺と西大和《にしやまと》、と四校が入っている。現在でも東京圏の数がもっとも高い比率である。統計によると、東大生の3割が東京都出身、関東地区出身は5割と報告されているので、今でも東大生においても地元が約半数を占める多数派なのである。

第二に、京大に関しては、トップ20の高校のうち18校が近畿地区であり、そうでないのは愛知県の東海と旭丘《あさひがおか》のみの二校にすぎない。統計によると大阪府出身が2割、近畿地区が6割弱の比率なので、地元の近畿出身が多数なのである。東大では関東地区が5割弱、京大では近畿地区6割弱なので、東大よりも京大が地元の学生を集めている比率がやや高いのである。

第三に、現代における出身高校を設立主体別に見ると、公立校よりも私立校が圧倒的な優位を示していることが特色となっている。それぞれのトップ20校のうち、＊印の付いた私立高校の数は東大で15校、京大で10校であり、多数の私立高出身者が両大学の入学生を占めていることがわかる。これらの学校のほとんどはよく知られているように、中・高六年間の一貫校である。これらの学校は小学校の頃から塾や家庭教師の指導によって学力を高めて、入試の困難な中・高一貫校に入学する生徒が多い。学校でも受験対策をしっかり行なっているので、多くの生徒を東大・京大に送っているのである。

第四に、とはいえ現代に関しては一つの留保事項がある。20〜30年前までは確かに東大・京大に入学する学生の質がもっとも高かったが、その後医学部進学熱が高まることにより、これまで東大・京大に進学していた学生のうち、他大学の医学部に進学する人の増加したことに留意する必要がある。東大・京大以外の国立大学と、一部の私立大学の医学部の偏差値が非常に高くなったのである。

たとえば、阪大、名大、九大、東京医科歯科大、慶應大などを筆頭にして、いくつかの大学の医学部の入学難易度は、東大・京大の医学部以外の学部の入学難易度よりも高くなっているのが現状である。したがって、現代では優秀な高校生のほとんどが東大・京大に進学していると見なすのは不適切である。

ついでながらなぜこれほどまでに医学部の人気度が高まったのであろうか。これは本書での関心事ではないので、簡単にその理由を列挙するだけにとどめておこう。まずは、医者の所得の高さが国民の認識として高まったことが大きい。さらに低成長時代に入って大企業すら倒産したり、解雇される時代となったので、医師の免許があれば食いはぐれがない、という安心感が親子ともどもにある。医師が人命の救助という尊い仕事をしているという評価があるし、まわりからも尊敬の念で見られていることなども魅力となっている。

さらに恵まれた職にいる医者は、自分の子弟を医者にしたい希望が強いし、子弟もこれに応えようとして勉強に励むのである。医者は世襲が多いのである。

とはいえ、こんなに医学部に優秀な人が集まりすぎてよいのか、という多少の危惧《きぐ》はある。すなわち人間社会においては、技術者、学者、経営者、役人、政治家、司法関係者などさまざまな分野において有為な人材を必要としている。医学部への人の流れ過ぎは、将来の日本の経済や社会にとってリーダー不足を招きかねないのである。

東大・京大入試にまつわる二、三の話題

世の中にはどうしても第一位の大学に進学したい、という学生がいる。官僚になるには東大法科出が有利であるから、官僚希望の人が東大志望であることは悪《あく》とは言えない。官僚志望でなくとも、日本一の大学への進学希望も、志を満たすという意味では完全に排除できない。これに関して京大にとっては屈辱的なことが戦後に二度起きた。

第一の事件は、大学紛争の時代の1969（昭和44）年に東大入試が中止になった。東大志望者は東大入試を受けられないので、京大、一橋大、東工大、東北大などに流れて受験することとなった。屈辱とは、一年後に東大入試が再開されたとき、京大に在籍しながら再び東大入試を受ける学生が多くいたことである。第一志望の東大に是非《ぜひ》入学したいという希望なのである。

小林哲夫《こばやしてつお》『東大合格者高校盛衰史―六〇年間のランキングを分析する』では、これら京大生の東大再受験組の人数を紹介している。京大在学中の法学部生31名、工学部生14名、他に経済、教育、文学、薬学に数名、退学届を出さないと他大学を受験できない農学と医学は、農に2名、医に1名と書かれている。合計で60人前後が京大を嫌って東大を再受験したのである。法学部に多いのは、官僚を目指す人はどうしても東大法学部でないとダメ、と思ったからであろう。この官僚志望者の動機はそう不純ではないが、当時のマスコミはこれら再受験組の人を「東大病」患者として揶揄《やゆ》している。

もっと深刻な第二の事件は、1987、88（昭和62、63）年に発生した。この二年間は国立大学の入試を二度受験する（A日程、B日程と呼ばれた）機会が与えられたのである。簡単に言えば、東大と京大を受けられるようになったのである。最初の日程で京大の入試を受けて合格している人が、後日行なわれる東大入試で合格すれば、京大入学を蹴ることが可能となったのである。それまでは両方は受けられなかったのであるが、受験の機会を複数与えるという恩情から、制度が変更になったのである。

京大に合格しながら東大に入学した学生についても小林・前掲書にその顚末《てんまつ》が紹介されている。最初の87年には京大文系の合格者のほとんどが東大に流れたし、人気の高い京大理系にあってもかなりの数が京大を蹴っていた。たとえば京大理学部は合格者が東大に流れることを見越して、4割の水増し合格者を出したにもかかわらず、61名の定員割れを起こしたのである。「ジャイアンツは強かった。タイガースの負けです」と、野球を例にした京大理学部長のコメントがおもしろい。これは京大関係者にとっては大変な屈辱である。

確かに京大は東大より少しだけ劣位にあることはわかっているが、世間では「東大・京大」と並び称されて特別に高い地位にいると見なされているところに、この大量の京大辞退・東大選択組の存在が世に知られたので、京大は東大よりかなり劣るという認識を世間に与えかねないことになったのである。当時私は京大の教員だったので、京大関係者、特に京大出身の教授と京大卒業生の狼狽《ろうばい》ぶりや右往左往を明確に記憶している。特に法学部、文学部、理科系あたりが大騒ぎであった。それほど東大と差がないという自信のある学部だからである。

京大は東大と同一試験日にする運動を強力に展開する。マスコミでも活躍していた高坂《こうさか》正堯《まさたか》法学部教授などが先頭に立ち、京大出身のマスコミ関係者、国会議員、文部官僚に訴えた。「京大は第一志望の受験生、入学生が欲しい」と一見正論を吐《は》き、「東大の落ちこぼれは要らない」という本音を隠しながらの運動であった。京大当局も公式に文部省に要望を出したのである。

次の88（昭和63）年も同じような入試日程で行なわれ、京大に大量辞退者の出たことは当然としても、今度は東大でも京大ほどではないが予想を超えた辞退者がかなり出て、なんと東大に補欠合格者が発表されたのである。結局、京大も東大も入学者数の予想に苦労したくなかったし、京大関係者の強烈なキャンペーンが功を奏して、この入試制度はたった二年で変更となった。いわゆる分離分割方式の導入である。A日程の京大入試に合格しながら入学手続きせず、B日程の東大入試に落ちれば、京大の入学資格まで失うので、京大・東大を両方受験する人の数を大きく減少させる案である。こうして京大は救済されることとなった。

しかしこの事件で筆者が感じたのは、京大、東大という大学は王者の驕《おご》りというか、自分たちの論理だけを尊重する傾向にあるということだった。換言すれば、私立大学の苦労を知っているのだろうかということである。私立大学は常に水増し合格者数を発表して、合格者のうち実際に何名入学するのか、いわゆる「歩留《ぶど》まり率」を予測して毎年合格者数を決定するという苦労をしている。そして補欠合格者の決定は日常茶飯事である。学生の納付金に大きく依存している私学の苦労は、東大と京大の間に起きたことよりもはるかに深刻であるし、私立大学には第二、第三志望で入学した学生が多くいるのであり、東大・京大の人々にこの屈辱はわかるのであろうか。

進振《しんふ》り

晴れて東大・京大に入学しても、どの専門学部に進学するかは、両校で異なる。すなわち京大は学部別、学部によっては学科別に入試の合格者を決定するのに対して、東大は三年次進学時に学部を決定するのである。東大生にしかわからない言葉として、進振り（進学振り分け制度）がある。東大に限らず他の国立大学（たとえば北海道大学や東工大など）にもある制度で、教養課程1・2年生を終えてから、専門課程に進むときにどの学部・学科にするかという振り分けがある。

たとえば理科Ⅰ類であれば、理学部数学科か物理科に進むのか、工学部建築学科か電気工学科に進むのか、といった分岐点である。理学部や工学部には数多くの学科があるので、どの学部・学科に進学するのか、ということはかなり大きな節目なのである。文系に入学した学生も少数ながら理系学科に進学できるし、逆に理系に入学した学生も少数ながら文系学科への進学の道は開かれている。

この進振りは教養課程の第1、第2、第3学期における修得単位の成績が基準となる。より良い成績をとっている学生が希望の学科に進学できる確率が高いので、東大では学生が教養課程の頃に勉強するように仕向けていると解釈できる。もっとも文科Ⅱ類に入学したほとんどの学生が経済学部に進学できるので、良い成績をとらなくてもよく、何もしない文Ⅱの学生をネコよりも暇、ということで「ネコ文Ⅱ」と呼んでいるらしい。当局もしたたかで、勉強しない文Ⅱ生を勉強させるために、三年次で他の類から経済学部に進学できる生徒の枠を増加して、文Ⅱの学生で教養課程時に成績の悪い学生を経済学部に進学させない方策に変更している。

かなり昔は文Ⅰの学生は法学部か経済学部に進学できたのであるが、官僚養成に伝統のある法学部への進学希望が集中したので、経済学部は第一希望の人を集めたいため、旧来の文Ⅰを文Ⅰ（法学部進学生）と文Ⅱ（経済学部進学生）に区別したのであった。いずれにせよ、東大では教養課程から専門学部への進学時に、特に理科系において、そして文科系でも少しではあるが、もう一度競争選考を課していると理解してよい。

東大方式がよいのか、たとえば京大のように工学部電気電子工学科、工業化学科といったように入学時に学科別に募集して合格者を決める方式がよいのか、一長一短があると言える。東大のような進振りがあれば、一・二年生において勉強せねばならない雰囲気を大学が学生に与えていると解釈できるし、勉強すれば基礎学力が高くなるので専門課程での教育がやりやすくなる。しかし、進振りによって第一希望の学部・学科に進学できなかった学生にとっては、魅力を感じない学科に進学して学習意欲を失うことになりかねない。

一方、京大方式であれば、入学時に希望する学科に進学できたのであるから、勉学意欲を失うことはない。しかし、進振りがないだけに教養課程で勉強しない可能性があるので、基礎学力を蓄積できない学生が生まれるかもしれない。ついでながら京大経済学部は進振りがないので勉強をせず、パラ経（パラダイス経済）と呼ばれるほど、教養課程・専門課程の学生ともに勉強しないことで有名である。

もう一つ経済学部の学生が勉強しない理由として、東大・京大の経済学部生の就職が非常によいことがある。たとえ学業成績が悪くとも、一流企業に就職できたのである。ただしこの伝統は最近になって変わってきた。一部の一流企業で学業成績を重視する方針を取りだしたからである。経済学部の学生も少しは勉強するのであろうか。

東大においてはこの進振りはそう問題なく機能しているのではないかと判断できる。なぜなら、高等学校時代から学力優秀であるし、試験による競争に慣れている学生が多いので、教養課程での学業成績による競争振り分けにさほどの違和感はないだろうと想像できる。しかしごく一部の学生には、激烈な東大入試の突破に目標を置きすぎて、入学後の安堵感から勉強を怠る学生もいないわけではないだろうから、進振りで挫折《ざせつ》する学生もいるだろうと想像できる。

進振りと関係することであるが、高等学校で修得しなかった科目が中心となる専攻課程に進学する学生がいることの問題点である。わかりやすい例として、理科系への入試では、理科は二科目の受験が課せられている。高等学校の理科は、物理・化学・生物・地学などがあるが、二科目として物理・化学を受験科目として選択した学生は、受験対策としてこの二科目を徹底的に勉強するであろう。生物は履修したかもしれないが、無視して勉強しなかったかもしれない。この学生が医学部、理学部生物学科、農学部応用生物学科などに進学すれば、生物学の基礎知識がなく進学することになる。

立花隆《たちばなたかし》『東大生はバカになったか―知的亡国論＋現代教養論』によれば、理Ⅱ・理Ⅲという生物が重要な科目と見なされている課程に進学する学生でも、高校で生物を履修してこなかった学生が4割いると報告している。入学試験の突破のために得意な物理・化学を真剣に勉強し、大学では生物を必要とする医学部、理学部生物学科などへの進学を希望する学生の多いことを嘆いているのである。

読売新聞教育取材班『東大解剖―教育ルネサンス』によると、この問題に対して東大当局もうまく対応して、教養課程において理系学生の必修科目を増やして、基礎的な科目、数学・物理・化学・生物などのうち学ばねばならない科目を履修するように課している。さすが東大と感心させられる教育対応策である。

この専修科目の問題は、入試科目の少ない私立大学でより深刻である。理科の一科目の受験でよい大学があり、他の理科の科目を大学に入学してから履修することになる。私立大学は学生を集めたいために入試科目を少なくする政策をとっており、入学後にこの問題で悩んでいるのである。

東大と京大を区分するもう一つの特色は、東大には教養課程と専門課程を含む教養学部があって、新制大学になって以来、三・四年生用の教養学部生が存在していた。京大を含めた他の国立大学では教養部だけがあって、他の専門学部に進学する学生のための教養科目だけを教えていた。しかし25年ほど前に教養部が廃止され、東大教養学部のように専門課程への進学を可能とした。京大の場合にはそれが総合人間学部という新しい学部に編成替えされた。

制度としては、東大教養学部と京大総合人間学部は同じ基準にいるが、性格はかなり異なる。すなわち、東大教養学部の専門課程に進学する学生は、旧来からの文Ⅰ、理Ⅰといった六つの種別に入学した学生のうち、一部が教養学部の専門課程に進学できるのであるが、京大総合人間学部においてはこの専門課程に進学したい学生は、入学時に課される独自の総合人間学部の入試に合格せねばならない。すなわち、京大の場合には入学時に総合人間学部への進学を希望せねばならないが、東大の場合には教養学部の専門課程への進学は、文Ⅰ、理Ⅰなどで入学後に教養課程二年目を終えてからの希望も可能なのである。

もう一つ東大教養学部と京大総合人間学部の違いは、専門課程で教える科目に差がある。東大ではヨーロッパ、アメリカなどの地域研究や基礎科学などを重視するのに対して、京大では環境科学、生命科学、人文科学といった学際科目を重視している。

低い女子学生の比率

大学の中で女子学生の数がどの程度いるのか、関心のもたれることである。まずは現状を見てみよう。**表3－5**は、東大と京大のそれぞれ、そして全大学の平均による女子学生比率を示したものである。大学生には学部生と大学院生の二種類が在籍しているが、ここでは学部生が対象である。それを過去数年間の合計によって、東大と京大の女子比率を示したのがこの表である。およそ20％前後の低い比率にあることがわかる。ついでながら、直近の数字（2015〈平成27〉年）で学部生3144人の新入学者のうち、東大では580人の入学者で比率は18・4％であった。

他の大学との比較をすると、同じ期間の最初の頃は全大学の平均で30％の半ばの数字であったのが、現在では40％の前半の数字まで上昇しているので、かなりの女子学生比率の増加であるが、東大と京大の女性比率はかなり低い水準で低迷していることが明らかである。ちなみに特定の大学と比較すれば、2014〈平成26〉年の数字で慶應大が35％、早稲田大が36％、同志社大が38％、関西学院大が48％なので、東大・京大の女性比率の低さ

表3－5　東大・京大における学部別の女子学生比率

	東大		京大	
	学生総数	女子比率(%)	学生総数	女子比率(%)
教養前期	6,643	18.9		
教養後期	441	27.4		
総合人間学部			596	28.5
文学部	868	27.1	1,075	42.6
教育学部	217	31.8	306	38.9
法学部	968	20.8	1,566	24.5
経済学部	774	19.3	1,171	19.1
理学部	649	9.6	1,417	9.9
工学部	2,172	10.0	4,368	8.3
農学部	653	27.9	1,353	31.6
医学部	526	21.3	680	18.2
薬学部	186	25.8	190	53.7

注：文学部以下、教育学部から薬学部までの数字、東大では後期の専門課程である三年生と四年生だけの数字であるが、京大では一年生から四年生までの全学部の数字である。医学部には看護学科等を含む。
出所：両大学のＨＰより作成

は際立っているのである。

なぜこれほどまでに東大・京大の女子学生比率は低いのであろうか。第一に、東大・京大をはじめ国立大学では理学部生と工学部生の学生比率がかなり高い。女子学生は理学、工学への人気度はまだ低く、これらを学ぶ学生数が国立大学で多ければ、当然のことながら国立大学では女子比率が低くなる。その典型が東大と京大なのである。

このことを数字で確認しておこう。東大では理学部生６４９人に対して女子比率９・６％、工学部生２１７２人に対して女子比率10・０％、京大では理学部生（四年間の学生数）1417人に対して女子比率9・9％、工学部生4368人に対して女子比率は8・3％であり、両大学ともに理工学部で学ぶ女子学生数は非常に低いのである。女子が理学や工学を避ける理由にはいくつかを指摘できる。卒業後の仕事として製造業、土木建築、電力・ガス業などの職に就くことに魅力を感じない。高校生のときに数学、物理、化学などを一生懸命に勉強する女子が多くない、といったことが挙げられる。

ついでながら、では理科系に関心の高い、あるいは数学・理科の得意な女子学生はどの学部に進学しているかといえば、農学部と医学部である。農学部では東大で27・9％、京大で31・6％の高さであるし、医学部では東大で21・3％、京大で18・2％とそこそこの高さとなっている。

ところで他の国立大学における女子比率を示してみると、北大が30％、筑波大が39％、九大が28％とかなり東大や京大よりも高いことがわかる。このことは東大と京大に特有な理由のあることを示唆《しさ》する。

第二の理由として、東大と京大の入学が特に困難なことがある。男子の学力が女子の学力よりも高いとは確実に言えない時代となっているが、大学進学に関してはまだ女子よりも男子の方が熱意が強いので、受験勉強に熱心になるのが男子に多い。

これを間接的に証明する事実として、**表3－1**（135ページ）に現われたトップ20校のうち、男子校の数を見てみよう。すなわち東大におけるトップフォーの高校、開成、筑波大附属駒場、灘、麻布、京大におけるトップツーの東大寺、西大和（ただし2014年より共学化）は男子校である。男子校の卒業生が多数東大・京大に入学しているのなら、自然と男子比率が高くなるし、逆に女子比率は低くなるのである。

第三に、これは数字によって示されることではないが、女子で東大や京大に進学すると、将来に配偶者の選択の場が狭くなる、ということがある。たとえば迫田《さこた》さやかとの共著『夫婦格差社会　二極化する結婚のかたち』に書いたが、東大卒の女性では結婚相手は半分強が東大生であった。これは他大学卒の男性が東大女性を避けるということが響いているし、東大女性側にも気楽に他大学卒の男性と付き合うということが困難と考えることによる。

筆者などは少数の東大女性であれば、数が多くいる東大男性は選び放題ではないか、という下衆《げす》の勘繰《かんぐ》りをするのであるが、意外と東大男性も自己の学歴優位を保ちたく思って東大女性を避けることがあるかもしれず、現実の世界ではなかなかうまくいかないのである。このような事情があるのなら、学力の高い女子高生の一部は東大への入学を希望しない可能性がある。東大に進学すると結婚相手を探すのが苦労になるとして、東大よりも早慶を志望する女子高生がいるとされる。

やや個人的な体験で恐縮であるが、京大・橘木ゼミナールに所属した女子学生の多くは、対男性と知り合ったり付き合いをするとき、京大卒を名乗ると一部の男性は見向きをしなくなる、と告白していた。そして大半の女子学生は京大卒の男性と結婚しているのである。東大と京大の女性には似た事情が発生しているようである。

最後に、これは東大・京大と直接関係ないことであるが、女子はなぜ、文学部、教育学部、教養学部、薬学部への志向が強いのであろうか。これは女子に理・工学部志向の弱いことと裏返しの理由である。さらに**表3－5**（157ページ）によって東大・京大ですらこれらの学部への女子進学率は高いことがわかる。

それは女子が高校時代の勉学において国語、外国語に関心が高く、かつ強いことがまずあるし、伝統的に女子は文学部などへの進学率の高かったことの歴史的な事実がある。企業に入ってキャリアをまっとうする意思の強さが女性にはなかったので、学生時代は文学や教養系を学ぶ意欲が強かったのである。薬学部だけはやや例外で、薬剤師はもともと女性優位の社会だったので、現代でも薬学は女性の人気が高いのである。なんと京大では女性比率が54％に達しており、今でも過半数は女子学生である。

東大と京大での教育方法の違い

戦前における東京帝大と京都帝大の教育方法の違いを一言で要約すれば次のようになる。東大は既成の学問を系統的に教えることを主眼においた。その動機の一つは、官僚になるための試験に合格するためには、学説をしっかり理解してそれを暗記し、答案にそのことをしっかり書かねばならない、ということである。換言すれば、学生の学ぶ必修科目を多くして、教育も教授による一方通行的な講義が中心であった。

一方の京大では必ずしも官吏登用試験に合格することが目的でなかったので、教授と学生が自由な発想に基づいて研究に励むことが期待されたのであり、必ずしも既成の学問を系統的に学ぶことだけを主眼としなかった。換言すれば、学生の学ぶ必修科目の数を少なくしたし、教授と学生の間の双方向的な討論による研究を行なうことをできるような教育を目指したのである。

一言で両大学の教育方法の違いを要約すれば、「東大は既成の学問をしっかり理解せよ、京大は自由に学問をせよ」ということになろうか。このことが、過去では東大では自然科学においてノーベル賞受賞者が少なく、京大ではそれを多く輩出してきた理由の一つであるといえようか。ところが東大の場合には教育がしっかり行なわれたので、何を勉強したらいいかわからないという落ちこぼれは少なかった。

一方の京大ではしっかり教えられないだけに、何を勉強したらよいかを見つけられなかった学生が少なからず存在した、という現実のあることを付記しておこう。もとよりここで述べたことにはやや誇張がある。すべての東大・京大の教授・学生がここで述べた特徴に要約されるものではなく、例外はかなり存在したのである。

現代ではどうだろうか。伝統とは生きているもので、東大での教育は系統的に企画・運営されているし、京大では現代でも自由度は東大よりかは高いのである。東大では教養・専門課程を合わせて卒業に必要な単位数は京大を含めた他の大学よりもかなり多いし、教養課程で学ばなければならない必修科目は、専門課程で学ぶための準備科目として系統的にうまく配置されている。すでに述べたように東大には「進振り」があるので、学生に勉強を促す側面がある。一方京大では教養課程での必修は少なく、学生の自由選択に任せている程度が強い。

東大と京大の違いを象徴する例として、一昔前の京大経済学部の履修方式を書いておこう。月曜日の第3講目に、たとえば財政学と金融論の二つが開講されているとしよう。当然のことながら、自由を尊重するために学生の出席はとらない。学生はこの二科目を同時に受講できたのである。なぜならば学期末の試験日が異なっていたので、二つの科目の試験を受けることができたからである。

すなわちどちらの科目の講義に一度も出席せずに、学期末の試験だけを受けることが可能なのである。京大は一度も教授の顔を見なくとも、試験さえ合格すればよい、と暗黙に認めていたことになる。好意的に解釈すれば、先生の授業など聞かなくとも自学自習で財政学ないし金融論をマスターすればよい、との配慮である。悪意に解釈すれば、私たち教授陣はしょせん学生に良い教育ができないから、学生諸君は自分たちでよく勉強してほしい、という声を代弁しているともいえる。

このダブル受講制度は最近まで認められており、京大の自由な教育を象徴する制度であった。過去には文学部でもそうであった。さすがにこの制度はヒドイという声が強くなって、今では廃止されている。興味のあることは、廃止の声が教授側から提案されたとき、なんと学生自治会は反対の意向を示したことである。束縛を嫌い、自由な京大を保持したい希望だったかもしれないが、最後はさすがに折れてダブル受講制度はなくなったのである。

第4章　卒業生の進路

1　卒業生はどこに進むか

少ない中退生

東大・京大の学生が卒業後にどこに進路を求めるかを論じる前に、そもそも入学者のどれほどが卒業するのかを調べておこう。逆に言えば晴れて難関大学に入学しても、途中で学業をあきらめて中途退学する学生がどれほどいるかを知ることによって、卒業する学生の比率がわかるというものである。

京都大学が珍しい統計を公表している。**表4－1**は総学生数のうち、転入（転出）、休学、退学、留年をする学生がどれほどいるかを示したものである。各学部とも休学者は少なからずいて平均すると0・2％から0・3％である。休学の理由はさまざまなのでここでは多くを語らず、まず中途退学に注目してみよう。平均で0・8％であり、もっとも高い学部で教育学部の1・4％、もっとも低い学部で医学部と薬学部の0・0％（すなわち中途退学者ゼロ）である。

京大生に中途退学者が多いのか少ないのかの判断は0・8％の数字ではわからないが、

表4－1　京大生の休学者、中途退学、留年者数

	学生数	休学者数	退学者数 ［　］は大学院への飛び級入学による退学者で内数		退学率 退学者/学生数(%)	留年者数
総合人間学部	563	26	2	［　］	0.4	55
文学部	1,019	39	12	［　］	1.2	131
教育学部	286	7	4	［　］	1.4	30
法学部	1,593	5	10	［　］	0.6	212
経済学部	1,173	52	4	［　］	0.3	127
理学部	1,389	51	18	［　］	1.3	138
医学部(6年制)	660	2		［　］	0.0	19
医学部(4年制)	625	9	7	［　］	1.1	37
薬学部(6年制)	181			［　］	0.0	
薬学部(4年制)	220	1	1	［　］	0.5	12
工学部	4,339	52	38	［　1］	0.9	368
農学部	1,339	29	5	［　］	0.4	75
計	13,387	273	101	［　1］	0.8	1,204

学生数：平成23年5月1日現在、転学：平成23年4月1日現在、休学者数：平成23年5月1日現在、退学者：平成23年度内留年者数：平成23年5月1日現在、留年者＝「卒業年度次在籍者のうち、4年(3年次編入者等は2年)または6年を超えて在籍している者」
注：薬学部(6年制)については、平成23年度に最初の入学者が卒業年次に達する。そのため留年者が発生するのは平成24年度以降となる。
出所：京大HP

全国推計による私立大学における中退率がほぼ10％と計上されているので、0・8％の数字はこれと比較するとはるかに低い中退率である。私立大学で中退率の高いことへの対処策は重要な課題であろう。東大の数字をここでは提出していないが、ほぼ京大の水準と同じと類推できる。

ここで興味のある事実は、医学部と薬学部（ともに6年制）に中退者のいないことである。医師や薬剤師になる、ということを受験時にすでに決めている学生なので、卒業後の職業を決めていることを意味しており、人生の行路を明確に決定している人の強さであろう。ついでながら特に医学部の4年制では少し中退者がいるが、これは看護師や公衆衛生士などの養成を目的としているので、医師養成の6年制コースと異なるからである。

留年者数に言及すると、法学部、工学部、理学部、経済学部にその数が多いことに気付く。理由は簡単で、法学部生には司法試験、国家・地方公務員試験、そして法科大学大学院進学といった資格試験や大学院入試を目指す学生が多いので、試験に失敗して次年度以降にもう一度の受験のため、意図的に留年する学生がいるからである。工学部・理学部においては実験などが多くて、それに馴染めないとか、学問の水準が高いので苦労する学生がいるからによる。

経済学部においては内部にいたのでよくわかる（筆者は経済学部の教授だった）。京大経済学部は「パラ経」（パラダイス経済学部）」と称されるように、勉強しなくとも楽に卒業できる学部として有名であり、学生はそれに甘んじて勉強しないので、単位を落とす学生が多いことによる。東大も経済学部に進学する文Ⅱは「ネコ文Ⅱ」と呼ばれて、勉強しないで進学できるとされている。トップの二大学で経済学部は楽な学部と見なされているのである。

ここでわかったことをまとめれば、東大・京大の学生は入学後にほとんどが学業を中途で頓挫《とんざ》せずに、一部は留年をするのもいるがほとんどが卒業しているのである。

学部卒業生はどこに行くか

東大・京大の学部卒業生はどの進路を歩むのであろうか。学部生の歩む道は大別して三つある。第一は、働くという人生である。すなわち民間企業や公務に就いたり、あるいは自営業を選択して、勤労に特化して所得を稼ぐ道の選択である。第二は、大学院への進学の道である。大学院には2年の修士課程を終えてから就職する人もいれば、第三として、さらに3年の博士課程に進学する選択がある。博士課程修了後どうするかは、大学や研究所の研究者になる人もいれば、民間企業や公務員として働き始める人がいる。

一昔前の大学院においては、そもそも大学院に進学する学生が少なかったし、大学院修了者の多くが研究者になっていたが、今では大学院進学率はかなり高く、かつ大学院修了者のかなりの割合で研究者にならずに、民間企業などに就職する人が多い。これには三つの理由がある。

路状況

経済学部	理学部	医学部	薬学部	工学部	農学部	計
21	260	49	53	848	237	1,707
222	33	98	26	90	60	961
		100				100
14	17	10	1	20	7	163
257	310	257	80	958	304	2,931

・資格試験等受験準備　・研究生、研修生

第一に、1980年代に日本の大学が文部省の方針によって大学院を重視する大学院大学化が図られ、大学院の定員が大幅に増加した。第二に、大学院大学化になる以前では、理学、工学、農学のような理工系では、修士課程に進む人がすでに多かったが、大学院大学化によってそれに拍車がかかった。第三に、法科大学大学院、ビジネススクールといったように専門職大学院が20年ほど前に設立され、文科系の学生にとっても大学院進学への道が開かれたことの効果がある。

学部生はどのような選択をしているのであろうか。**表4－2**は京大の学部生の進路を示したものである。この表によると、卒業生2900人ほどのうち、実に1707人が大学院に進学しており、およそ60%という高い比率である。就職者は961人のおよそ30%にすぎない。現代のトップ水準の大学では学部は大学院進学への予備段階になっている、という解釈が可能である。

表4－2　2016(平成28)年3月における京大学部卒業者の進

区分	総合人間学部	文学部	教育学部	法学部
進学(大学院)	49	68	21	101
就職	71	121	42	198
医師国家試験合格・研修医				
その他＊	12	22	8	52
計	132	211	71	351

＊「その他」の主な内訳
・卒業後の進路について大学に届け出のない者　・大学院進学準備　・就職準備
出所：京大HP

それは理学部の83％、工学部の89％、農学部の78％、薬学部の66％というように、理工系において顕著である。なお医学部は19％と低いが、すでに述べたように看護師、公衆衛生士などを目指す学生が医学部に在籍しているからである。医学を修めた人の場合は、直接大学院に進学する人もいるし、医師国家試験を受験して医師になってからその後大学院で医学を修める人もいるので、結局は医学を学ぶ学生の大学院進学率は高いのである。

理科系の学部生の大学院進学率は高いが、そういう人が大学院を修了したとき、どのような進路を歩んでいるかを確認しておこう。**図4－1**は、修士、博士の両課程に関しての進路を示したものである。ここで「その他」とは大学などの研究者を含む。

修士課程修了者のほぼ70％が民間企業や公務などの就職であるし、博士課程修了者においても62％の高さなので、現代

図4－1　京大大学院修了者の進路状況（2016年）

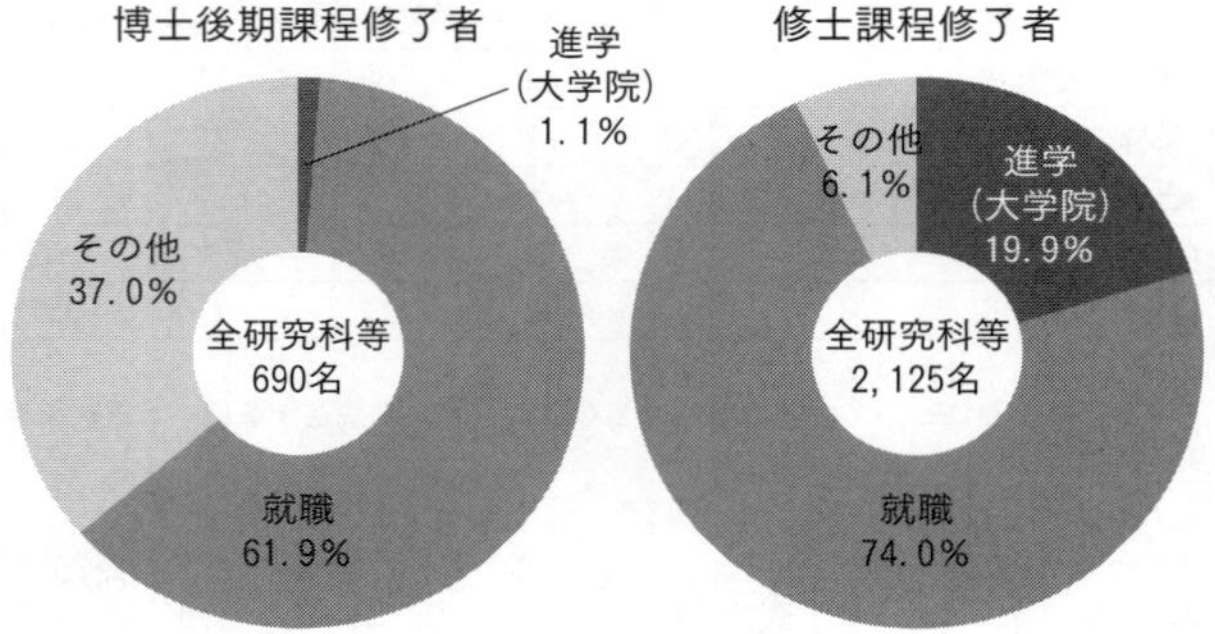

出所：京大HP

の大学院教育は必ずしも研究者養成のための機関でないことを物語っている。ただし博士課程においては「その他」が37・0%もいるので、博士課程修了者の場合は研究者になる人が少なからずいるのである。

東大法学部生の進路

　では東大の卒業生はどこに進学するのであろうか。全部の学部生を比較すれば京大と大差ないので、ここでは東大の看板学部である法学部に特化して進路先を探求してみよう。官僚養成学部として名高いので関心は高い。**表4－3**（175ページ）は2014（平成26）年に卒業した人の進路である。いろいろなことがこの表からわかるし、いくつか読者にとって参考になる点を付記しておこう。

第一に、総計400人程度の法学部卒業生のうち、就職者がおよそ半数の218名、大学院進学は100名強、自宅勉学その他が50名弱となっているので、京大法学部と大きな差はない。法学部生の最大の進路先は今でも民間企業（それも後に示すように大企業）なのである。そして大学院進学（中心は法科大学院）がほぼ4分の1である。

ここで50名弱の「自宅勉学その他」がいるのは、マスコミなどで「エリート生のなんと15％がニートに」と批判、嘲笑《ちょうしょう》をうけているが、実態は公務員試験や大学院入試の失敗により在学期間を延長して来年の受験に備えているのである。ニートというのは就職もしないし学業・勉強もしないというのが本来の意味なので、ここでの東大法学部生は受験準備中とした方がより正確である。

第二に、就職者のうち公務員、特に中央官庁に就職した人が67名もいるので、現在でも官僚養成学部の特色を保持していると言える。しかし一昔前では100名を優に超していた数であったのと比較すると高級官僚人気の低下は否定できない。これにはさまざまな理由がある。

すなわち（1）公務員の給料の安いこと、（2）高級官僚を終えた後の天下り先の減少、（3）高級官僚とはいえ国会議員への質問取りに追われるなど、少なくとも若い時代は天下国家の仕事をやる立場でなくなっているので魅力に乏しい、（4）規制緩和の時代に入り、官僚の果たす役割の低下、などがある。

第三に、ここには過去の法学部生の在籍人数を書いていないが、それは一昔前では600名を超えていたのである。それが今では400名前後になっていることに留意したい。200名前後も学部定員の低下した最大の理由は、その分を法科大学院や公共政策大学院の定員に振り替えたからによる。大半は法科大学院用への転換であった。ここにも大学院大学化、職業大学院の創設という効果が出現しているのである。

第四に、東大法学部での専攻に注目すると、第1類、第2類、第3類の区別があるが、これは順に私法コース、公法コース、政治コースの区分によるものである。私法とは民法、商法、会社法など民間人と民間人の間における法律を扱い、公法とは憲法、行政法、刑法など、公部門と民間部門の間での法律を扱うとされるが、それほど明確な区分ではない。とはいえ、公務員になる人は第2類に多く、法科大学院に進学する人は第1類の専攻

第3類			総計		
男	女	計	男	女	計
45	10	55	300	90	390
12	3	15	90	34	124
27	7	34	167	51	218
6	0	6	43	5	48
6	1	7	8	2	10
0	0	0	59	18	77
1	2	3	7	5	12
1	0	1	3	0	3
1	0	1	7	7	14
2	0	2	2	0	2
5	0	5	51	16	67
0	0	0	5	3	8

表4－3　東大法学部の進路（2014年）

			第1類			第2類		
所属類別卒業者数（男／女／計）			男	女	計	男	女	計
			107	36	143	148	44	192
大学院入学・学士入学・学部入学など			53	25	78	25	6	31
就職決定者			24	8	32	116	36	152
自宅勉学その他			30	3	33	7	2	9
大学院入学	本学	本研究科　総合法政専攻	0	0	0	2	1	3
		本研究科　法科大学院	46	15	61	13	3	16
		公共政策大学院	0	2	2	6	1	7
		その他の研究科	0	0	0	2	0	2
	他大学	法科大学院	5	7	12	1	0	1
		その他の研究科・専攻など	0	0	0	0	0	0
公務	中央官庁		5	0	5	41	16	57
	地方公務員		1	1	2	4	2	6

出所：東大法学部HP

者に多いことが読み取れるが、自然な選択の結果である。

最後に、受験界で「東大法学部の凋落」ということがささやかれていることに関して一言述べておこう。日本における学歴社会の最高峰にいて、しかもその象徴であった東大法学部の人気が低下したのであろうか。ごく最近において、教養課程（文Ⅰ）から法学部への進学希望で定員割れしたとか、文Ⅰの受験倍率が3倍を切って足切りをしなくなったというのがその根拠である。

入学試験のことや教養課程から専門学部への進学という表面上のことからすると、確かに人気低落の現象面は確認できる。それよりも、その背後にある根源的な理由を強調したい。それは（1）官僚人気の低下、（2）法科大学院制度の失敗によって、一時高かった法科大学院人気の低下、（3）民間大企業に就職するなら法学部でなくてもよい、（4）医学部人気の異常なまでの上昇により、優秀な人が法学部ではなく医学部を志望するようになった。

大学院大学化と専門職大学院の創設の功罪

１９９０年代の初頭に旧制帝国大学と一部の旧制大学だった大学を中心にして大学院重点化策がとられた。それらは大学院を主な研究・教育体制とし、学部はそれに付随する組織となった。さらに同じ頃か少し遅れて、多くの大学でビジネススクールや法科大学院が大学院修士課程に相当する大学院として創設された。日本の高等教育が学部中心から大学院中心へと移行したことの功罪を考えてみよう。

まず功を議論してみよう。第一に、一部の研究実績の高い大学に対して、研究費と施設面で優遇政策を施《ほどこ》して、ますます高い研究成果を生むような制度にしたことは評価されてよい。今や全国に８００校近くにも達する数の四年制大学が存在するところに、それらの大学に属するすべての教授と学生が高い質と強い意欲を持っているとは考えられない。

一部の優秀な人を優遇することはやむをえない。

なぜなら800校全部に平等な研究費・施設を用意することは財政的に巨額になるので不可能なことであるし、これだけ大学生の数が増加した（同年齢の50％を超えている）なら、大学生特に学部生から落ちこぼれを生まないためにも、研究よりも教育をもっと大切にする大学があってよいと判断できる。大学教授と大学生を、研究する人と教育する人（学ぶ人）のある程度の区別はやむをえない時代となっている。

第二に、大学院において高等な学問研究をやり、あるいはビジネスとか法務という専門性の高いことを大学院で教えるというのは、手法として間違いではない。四年間の学部時代には教養教育をしっかりやって、人間性豊かな教養人を生む、という制度はアメリカの教育制度で取られている方法なのである。大学四年間だけで専門教育と教養教育の両方を完璧に行なうことは無理なので、大学院で専門教育を、学部で教養教育を、という区分をして、両者を完璧にやるというのが、アメリカでの発想なのである。この発想は理想論としてはよくわかるが、後に述べるように日本ではさまざまな障害がある。

次に罪に移ろう。第一に、大学院レベルまで教育を受けるということは、長い期間にわたって学業を続けることを意味しており、日本ではまだその態勢に達していないことがある。具体的には学費がかかりすぎて、大学院レベルまでの教育を受けることのできない人が多く存在しており、教育の機会均等の見地からまだ日本では時期尚早の感がある。

経済的な支援をする策（たとえば奨学金制度）は徐々に充実していることは事実であるが、根源の問題は国家が教育支出費を多く出していないことにある。よく知られているように、国家の教育費支出（特に高等教育費）が対GDPに占める比率は先進国中で最低なので、公教育支出の増加によって高等教育を支援する必要性は高まっている。

第二に、専門職大学院制度はまだ日本でうまく定着していない。法科大学院制度に関しては、日本での各種の人々や企業にまつわる紛糾はアングロアメリカン諸国のように法律に基づく裁判で決着するのではなく、内々の交渉による和解や調停で決められることが多く、訴訟社会になっていない我が国では多くの法曹関係者をまだ必要としていない。法曹関係者が増加するだろうという予想のもとで数多くの法科大学院が創設されたが、廃校や統合に至るケースの増加が見られている。すなわち法曹関係者の需要は予想されたようには伸びなかったのである。

ビジネススクールに関しては、日本企業では社員に対して学生時代に学んだことへの期待はほとんどなく、入社後の職業訓練と経験の蓄積によって一人前のビジネスマンに育つというのが特色だったので、学部卒業だけでの入社で十分であった。ただし技術系においては修士レベルの学識と技能を持つことは期待されていたので、大学院修士を卒《お》えてから企業人になる人は理工系の場合にはかなり多く存在していた。

事務系の社員については、現在でもビジネススクール出身者への評価は定まっていない。学部卒の入社後に社内で経験を積んで幹部に昇進する人が多数派なので、ビジネススクール出身者への需要はまだそれほど高くない。こういう状況であれば、ビジネススクールに入学したいと希望する人は急激に増加しないだろうと予想できる。

もう一つ日本のビジネススクールにとって不利なことがある。それは日本人の間でビジネススクールに進学するなら欧米のビジネススクールへの志望が強いことによる。グローバル経済のもとでビジネス教育が優れている欧米の学校で学びたいし、世界で通用する英語を習得ができる、というメリットはわからないでもない。

もとより欧米のビジネススクールの学費は高いが、それを超えるメリットがあると感じるのである。日本企業においても社員をビジネススクールに派遣するとき、欧米のビジネススクールを優先する企業がある。もっともＭＢＡ取得後にその企業を退職する人がいるので、企業が海外ビジネススクールへの派遣に注意深くなっていることも確かであるが……。

以上、法科大学院やビジネススクールといった専門職大学院はアメリカほどの定着を予想できないので、そこで学ぶ学生の数の増加はないだろうと予想できる。したがって、理工系の大学院と異なり、法律とビジネスの分野における大学院制度の量的な発展はないと思われるので、そもそも大きな役割を演じることはないであろう。これは罪というよりは、日本の現状にそぐわない大学院レベルの発展はないだろう、ということを述べたかったのである。

2 高級官僚と司法界への道

高級官僚への道

これまでの章で明治時代から戦後までの高級官僚と学歴の関係を検討してきたが、現在はどうなっているかを検討しておこう。まず直近でどこの大学から公務員総合職の試験に合格しているのだろうか、**表4－4**によって見てみよう。相変わらず東大がトップの459名であり、次いで京大の151名が第2位である。東大、京大の優位、特に東大の最上

表4－4　国家公務員総合職と外務省総合職の合格者数

国家公務員総合職		
	大学	人
1	東京大	459
2	京都大	151
3	早稲田大	148
4	慶應義塾大	91
5	東北大	66
6	大阪大	63
7	中央大	58
8	北海道大	54
	一橋大	54
10	東京工業大	53

外務省総合職		
	大学	人
1	東京大	15
2	一橋大	4
3	慶應義塾大	3
	京都大	3
5	早稲田大	1

2015年　国家公務員試験は所管省庁の資料などから集計

位に変化はないが、一昔前の東大の圧倒的優位という姿はもうなくなっている。官僚になるには東大というイメージはやや過去の話となりつつある。

このことを裏付けする事実は、148名と91名という3位と4位にいる早稲田大と慶應大の躍進である。この両大学は私大の雄であったことは事実であるが、民間企業への志向が強くて公務員志望者は少数にすぎなかった。ところが最近になって偏差値が高くなったことで示されるように学力が高くなり、公務員試験の上級職に合格するようになったのである。もう一つの理由は、早慶の学生が国立大学化して、官僚志望者が増加したこともある。合格者のトップ10の大学に注目すると、旧帝大系と一橋大という旧来の名門校が名を連ねている。

ついでながら外務省の総合職試験に合格した人を学歴別にみてみよう。東大が15名でダントツの合格者数であり、次いで一橋大が4名と続いている。外務省はこれまでのように東大優位に変化はないことがわかる。

むしろ興味の移ることは、東大法学部とエリート官庁との関係がどうなっているかである。まずは採用の段階において東大法学部卒生がどれほどいるかを知っておこう。**表4－5**は財務省と文部科学省における上級職の採用を学歴別に示したものである。この表で目立つのは東大出身者の比率の高いことである。財務省では33名のうち、東大は17名なので5割を超えており、文科省では13名のうち東大は6名なので5割弱である。

むしろ衝撃的なことは、財務省というエリート官庁において東大法学部出身者は7名という最大出身学部でありながら、比率に換算すると2割強にすぎない。一昔前の半数以上が東大法学部出身者であった頃と比較すると、昔日《せきじつ》の感がある。ただし東大公共政策大学院の出身者が二人いるので、この二人がもし東大法学部からの進学者であるなら、もう少し高い比率になるが、たとえそうであっても大勢に変化はない。明らかに東大法学部生の独壇場《どくだんじょう》というのは消失している。

表4－5
財務省と文部科学省における大学学部別の事務職採用数（Ⅰ種試験）

財務省			
東大法学部	7	大阪府大経済学部	1
東大経済学部	6	九大法学部	1
慶應大法学部	2	京大公共政策大学院	1
東大教養学部	2	京大法学部	1
東大公共政策大学院	2	京大理学部	1
		慶應大経済学部	1
		東京工大工学部	1
		東北大文学部	1
		一橋大経済学部	1
		一橋大法科大学院	1
		北大公共政策大学院	1
		北大法学部	1
		明治大農学部	1
		早稲田大政経学部	1

文科省			
東大公共政策大学院	3	九大法学部	1
早稲田大政経学部	2	慶應大院法学研究科	1
		首都大学大学院理工学研究科	1
		首都大学教養学部	1
		東大教養学部	1
		東大院農学研究科	1
		東大法学部	1
		東北大公共政策大学院	1

出所：各省庁のＨＰ、財務省と文科省は2011（平成23）年採用

これに加えて経済学部出身者の増加が一つの特色となっている。同じ東大でも経済学部が6名であり、法学部の7名に肉薄しているし、他の大学出身者においても経済学専攻者が増加している。これは財務省の仕事の内容において、経済政策や公共政策の分野の役割が大きくなったことの反映である。従来においても大蔵省では経済関係の仕事が重要であったが、法学部出身者がこれらの仕事を担当していたのであった。しかし今日に至って経済学の知識がますます高度化して重要となったので、経済学専攻の人が増加したのである。

もう一つの変化は、大学院修士課程の修了者の採用が増加していることにある。財務省における事務系33名のうち大学院修了者は5名の15%、文科省では13名のうち7名の54%である。財務省はいまだに学部卒生優先であるが、文科省では半分弱になっている。一昔前であれば高級官僚になる人のほとんどは学部卒であったが、今では大学院修了者が多くなった時代なのである。これは大学院生の役割が社会で重要になってきたという認識の反映でもある。

最後に、女性高級官僚の増加という特色を述べておこう。この表には示していないが、財務省では33名のうちの7名の21%、文科省では13名のうち6名の46%の高さであり、一昔前のほんの数名という時代と比較すると女性の増加は顕著である。政府は女性の公務員（特に幹部職）の数を増やすといった女性活用策に熱心なので、今後も増加することが予想できる。

以上が最近の官庁における学歴採用に注目した記述であったが、ここで10年前の省庁における幹部（局長以上）の学歴を示すことによって、現在と将来の違いを予想してみよう。これらは省庁別幹部名簿によってすぐわかる。財務省幹部11名のうち、東大法学部卒が６名、東大経済学部卒が３名、他に京大法、東工大理の１名ずつである。東大卒の高さが明らかであるし、特に法学部卒が過半を占めている。もう一つのエリート官庁である経済産業省では10名のうち東大法学部卒は８名なので、これまた東大法学部の独壇場である。

新入省庁員と最近の幹部の学歴を比較することによって、将来の予想は明らかである。現代では新入の人々のうち東大法学部出身者がこれだけ少ないのであるから、将来の課長、局長、次官になる幹部として東大法卒が少なくなることは確実である。「官僚は東大法学部」という言葉は、10年後、あるいは20年後では死語になっているかもしれない。

この変化が日本社会に与える影響には絶大なものがある。それらをいくつか列挙してみよう。まずは学歴社会・ニッポンへの影響である。東大、特に東大法学部が高級官僚を生む場所というのが学歴社会の象徴であったが、それが崩れるので、学歴社会がどうなるのかが関心事となる。学歴社会の崩壊があるのか、あるいは官僚に代わるエリートの誕生があるのだろうか。拙著『日本のエリート　リーダー不在の淵源を探る』（以下、『日本のエリート』）では、現代の高校生にとって学力の優秀な人の進学希望が医学部に殺到していることを示したが、医師が日本社会を牽引《けんいん》するエリートになるとは思えない、と予想した。

さらに、もし官僚がエリートの地位を失うとすれば、誰が日本社会をリードするのかということになると、それは政治家、経営者、知的エリート（一流の研究者、技術者、法曹関係者）というのが筆者の予想である。もっとも官僚がエリートの地位を失うのではなく、東大出のエリートが幅を利《き》かす時代ではなく、東大卒以外の人も官僚エリートになりうる時代、というのが別の解釈としてあり得る。

では、政治家、経営者、知的エリートが日本社会において重要な職業になるのなら、東大、京大などのトップ大学を卒業した人の進路はどうなるのだろか。それぞれの職業については後に詳しく検証するが、この段階で一言だけ述べておこう。

政治家、特に国会議員については、後に示すようにこれまでは東大出が圧倒的に多かった。これは官僚上がりの政治家が多かったからによる。これからの官僚は東大出が少なくなるだろうから、官僚上がりの東大出の国会議員は減少するであろうが、必ずしも東大出の政治家が減少するとは限らない。なぜなら政治家になる道は官僚以外からもあるからである。

東大出の経営者の数は減少するものと予想できる、詳細は経営者のところで述べるが、現代の企業においては、総務、企画、人事といった管理部門で業績を上げた人よりも、製造、販売、購買といった現業部門で業績を上げた人が経営者になる時代になっており、必ずしも学業に優れた人が有利ではないからである。

これからの時代にもっとも期待されるのは、知的な仕事に従事する人であり、研究者、技術者、法曹関係者は正に頭の良い人に向いている職業である。さらに、こういう職業に就いた人は勉強を続けなければならないので、勉強好みの東大生・京大生にはうってつけの働き場と言える。

法曹分野への進路

裁判官、検事、弁護士という法曹の分野で生きる人々にどこの大学の出身者が進出しているかを調べてみよう。法科大学院制度が2004（平成16）年に創設されてからは、ここで学んだ人が政府の実施する新司法試験に挑戦する制度となった。それ以前の旧司法試験は誰でも受験可能という幅広い制度だったので、受験者の数が非常に多かったし、合格者数も多くなかったので、合格への道は至難であった。何年もの浪人の末の合格というのも珍しくなかった。新司法試験制度になってからは受験可能年数に制限がかかったし、法科大学院修了者が主たる受験可能者となったので、旧制度のような合格に非常に困難な制度ではなくなった。

表4－6はごく最近の司法試験の合格者と合格率を出身大学別に示したものである。まず合格者数に注目すると、中央大の170名、慶應義塾大の158名というように、私立大学が第1位と第2位を占めている。東大は149名で3位、京大は128名で第5位に甘んじている。なお早稲田大は145名で前年の172名より合格者数を落とした。

一昔前では東大、京大、中央大がトップクラスを占めていたので、上位校の順位に微妙な変化が起こっている。中央大は「法科の中央大」として有名な歴史的伝統を誇っている

表4－6　司法試験合格者数と合格率

合格者			合格率		
	大学	人		大学	%
1	中央大	170	1	一橋大	55.6
2	慶應義塾大	158	2	京都大	53.3
3	東京大	149	3	東京大	48.9
4	早稲田大	145	4	神戸大	48.3
5	京都大	128	5	慶應義塾大	45.5
6	一橋大	79	6	愛知大	36.4
7	神戸大	72	7	中央大	35.8
8	明治大	53	8	早稲田大	30.8
9	大阪大	48	9	大阪大	29.1
10	北海道大	42	10	北海道大	28.6

2015年　所管省庁の資料などから集計

ので驚きはないが、早慶両大学の進出は国家公務員試験における良好な合格実績と同様に、ますます両大学の地位が高まっていることの証拠の一つになりうる。

むしろ興味があることは、合格率の順位である。1位は一橋大に譲ったが、京大と東大が第2位、第3位であり、受験者数に占める合格者の比率は極めて高い。もともと学力の高い人が入学しているし、学業に励むことにためらいないし、法科大学院での教育が良いものと解釈できる。ここでも日本の大学が東大・京大で代表されることが確認できる。

最後に、法科大学院の抱える問題を述べておこう。これまでの司法養成がむずかしい旧司法試験で象徴されたように、「点（すなわち試験の点)」のように暗記試験に頼るのではなく、法律問題を社会をよくするためという視点から解釈・評価して、正しい判断をできるように学識と法律知識を与える場として法科大学院を創設したのであった。将来的には法曹の分野で働く人が増加するだろうという予測のもと、法科大学院は多数創設されたし、入学定員も多かった。

しかしすでに述べたように法科大学院は所期の想定どおりに進まず、ピーク時には74校あったのに、今では25校が募集停止に追い込まれたし、定員割れの学校もかなり多い。また、法科大学院の合格率の差は大きく、下位の合格率の大学は10％以下になっているし、合格者数も1名、2名という大学もある。

しかも毎年の司法試験の大学別の合格実績が、マスコミで報道されることが通常となっており、国民の間に法科大学院の優劣の差が明確に知られる時代となっている。これに受験志望者、法科大学院の在籍者、各大学、法曹関係者は神経質になっていることは確実である。これまでの大学間の競争は、入学の偏差値や教授の研究実績などという一部の関係者のみの間でのことであった。

しかし法科大学院による競争は、毎年の卒業生の実績度で評価される競争という、まさに誰の目から見ても明らかな数字でなされるのである。このことが法科大学院の間での優劣が白日《はくじつ》のもとにさらされる原因となり、あたかも民間会社の競争による勝者（ますます栄える企業）と敗者（つぶれる企業）を生むメカニズムと同じ様相を呈しているのである。

法曹でも裁判官、検事、弁護士では大違い

首尾よく司法試験に合格後は1年半（昔は2年）の司法修習を受けてから、裁判官、検事、弁護士のいずれかの職に就くのである。実は司法の世界ではここからが学歴の意味が出現するのである。結論を先取りすれば、裁判官と検事の世界は学歴（すなわちどの大学、ないしどの法科大学院の出身）が重要で、弁護士の世界はそうではない、ということである。

裁判官になるには司法試験の合格者が志望を名乗り出て、最高裁の事務総局が選考して採用するし、検事の場合には検察庁が選考しているのである。ここで学歴が役割を演じる。これまでの裁判官、検事は東大などの有力大学卒が多かったので、採用においても後輩は有利である。さらに、裁判所も検察庁も処遇などが年功序列制なので、官僚の世界と同様に学歴の意味が高くなるのは自然である。東大などの有力大学卒業生が幅を利《き》かせるのである。

裁判官のトップにいる最高裁の判事の学歴を見てみよう。現代では長官を含めて16名いるが、そのうち東大が9名のトップ、他は京大2名、九大、東北大、一橋大、慶應大、中央大がそれぞれ各1名であり、東大の優位が目立つ。もっとすさまじいのは歴代の最高裁長官（戦後に限る）は18名いるが、東大が15名、そして京大が3名ということになっている。裁判官と長官ともに最高裁判所では東大の絶対的有利、そして京大がそれにかなり差をつけられていて続いているのである。

なぜ裁判官の世界においてこれほどまでに東大・京大、特に東大が優位なのか、いくつかの理由を提示しておこう。

第一に、ラムザイヤー「日本における司法権の独立―実証研究の結果と意義」によると、一昔前までの司法試験の合格者の中でもっとも早く合格していた人が、裁判官の初任ポストにおいて魅力のある東京地裁に採用されているケースが多く、しかももっとも早く合格した人の多くが東大出身だったのである。その後の有望な赴任地においてもそういう人が選ばれたのである。

これに関していえば、司法修習時における成績に関しても、東大などの有力大学出身者が優れた成果を出しているので、その後のキャリアにとって有力な情報になりうる、との指摘がある。

第二に、拙著『東京大学　エリート養成機関の盛衰』の筆者との対談の中で元・東大総長の濱田《はまだ》純一《じゅんいち》が述べたように、裁判官の仕事は過去の判例がどうであったかをどの程度知っているかに依存する。学説をどれだけ知っているかも重要である。さらに概念や論理の組み立て方が重要なので、大学受験のスキルと似たところがあり、東大生がそれらに強くなるメリットがある。さらに膨大な調書を読むことや、かつ判決文の作成にも受験に強い人の特色が生かされる。すなわち裁判官の仕事を行なうのに、東大出の裁判官は向いているのであり、いい仕事ができるのである。これらの特色は裁判所組織の中での昇進に役立つと言えよう。

第三に、裁判官の世界には東大出が多くいるので、人間社会の常として仲間意識、同窓意識が生じることは自然なことである。裁判官とて人間なので聖人のように振る舞えないことがある。後輩を盛り立てようとすることがある。これが東大出にとって有利に作用することは否定できない。

以上が裁判官の世界で東大と京大、特に東大出がトップに昇進していることの理由であるが、これらは検事の世界でも当てはまることである。検事の世界でどの大学が優位であるかを数字で示さないが、法曹界にいる人の話によると、裁判官の世界における東大出ほどの圧倒的優位はなく、京大もそこそこいい線を行っているとのことである。

次は弁護士の世界に移ろう。弁護士になる人の数は裁判官・検事よりも多いので、司法の世界の全体からすれば弁護士はもっともプレゼンスの目立つ職業である、弁護士は基本的に自営業の色彩が濃いので、裁判官や検事のように地位が偉くなるといったことはなく、その仕事ぶりを評価するのは単純ではない。いい仕事（裁判の案件）をどれだけ請け負うとか、裁判に勝つか負けるかの成功報酬に依存するので、所得額からの評価しかできない。したがって、弁護士の年収は辣腕《らつわん》弁護士とそうでない人の間でかなり格差がある。とはいえ、大弁護士事務所のトップになるとか、弁護士会の会長なるといったことも評価の対象になりうるが、ここではそれらに注目しない。

弁護士を自営業稼業と理解すると、学歴（特に学校名）の果たす役割はかなり小さくなることは明らかである。どれだけ顧客をとるかとか、裁判で勝者になるといったことは、その弁護士のコミュニケーション能力や人柄などにかなり依存するからである。もとより法律や過去の判例の知識、あるいは論理的な思考力や洞察力も無視はできないので優秀な大学を出た人が多少は有利だろうが、その弁護士の個性と仕事ぶりが決め手になる世界である。学歴がほとんど無用な世界が弁護士であるといっても誇張ではない。

3 ビジネスの世界へ

どの企業に就職するか

すでに見たように東大・京大の学部生、そして大学院修了者の大半が進む道は企業での就職である。大学のHPでは民間企業に就職した人がどのような産業（たとえば製造業、金融・保険業など）に就職しているかの報告はあるが、企業規模に関する情報はない。

日本においては大企業と中小企業との間の格差（賃金、生産性、資本金などいろいろな変数に関する格差）が顕著にあるので、本来ならばどのような規模の企業に就職しているかの情報が、どこの大学のHPにおいても報告されてもよいのであるが、それを明示的に報告している大学の数は少ない。大企業に多くを送り込んでいる大学には遠慮感があり、中小企業に多くを送り込んでいる大学は、多分それを知られたくないからであろう。東大と京大は明らかに前者に属する。

東大・京大卒の就職先は圧倒的な比率で大企業が多い。それも世によく知られた超大企業（たとえば従業員５０００人以上）や、誰もが就職したいと願う名門企業の比率が高い。その一端を示すために最近の卒業生で、就職先企業のうち多人数を送り込んでいる中で、トップ10の企業を例示してみよう。**表４－７**がそれである。２０１３（平成25）年度のものと、過去との比較も興味があるので、20年前の１９９３（平成５）年度をも示してみた。

まず両年ともに、あえて企業名をここでは書かないが日本を代表する大企業のオンパレードである。とはいえ東大と京大で多少の差はある。東大は東京に本社を持つ企業が多く、京大は関西に本社を持つ企業がいくつか存在している。大学の所在地による差、企業が事業を行なっている地域の差、就職してから後の昇進の可能性などを考慮して、地域を選択していると思われる。

興味を引く点は、１９９３年の東大ではエリート官庁である通商産業省（現・経済産業省）に26名、大蔵省（現・財務省）に21名と数多く就職していたことである。すでに見たように東大生の官僚離れが進んでいるので、現代ではとてもトップ10には入っておらず、この差は印象的である。ここでも「官僚の東大（特に法学部）」という言葉が死語になりつつある気配を感じることができる。

表4－7　東大・京大の就職先トップ10

2013年

東京大学		
順位	企業名	人数
1	日立製作所	53
2	三菱東京ＵＦＪ銀行	36
3	三菱商事	35
4	富士通	33
	三菱電機	33
6	みずほＦＧ	28
7	東芝	27
8	トヨタ製作所	26
9	三井住友銀行	25
10	三井物産	24

1993年

東京大学		
順位	企業名	人数
1	東京海上火災保険	34
2	電通	29
	日本興業銀行	29
4	通商産業省	26
5	ＮＨＫ	25
	東京電力	25
	三菱商事	25
8	三菱銀行	23
9	第一勧業銀行	22
10	大蔵省	21
	三和銀行	21
	富士銀行	21

注：東大の就職先は、2013年は大学院を含むが、1993年は含まない。

2013年

京都大学		
順位	企業名	人数
1	トヨタ自動車	36
2	関西電力	28
3	新日鐵住金	27
4	三菱電機	25
5	三井住友銀行	24
	三菱重工業	24
	日立製作所	24
8	京都府庁	22
	ＪＲ西日本	22
	富士通	22

1993年

京都大学		
順位	企業名	人数
1	日本生命保険	24
2	第一勧業銀行	23
3	ＪＲ西日本	21
4	松下電器産業	19
5	さくら銀行	18
	三和銀行	18
	住友銀行	18
	トヨタ自動車	18
9	三菱銀行	17
10	ＮＴＴ	15
	日立製作所	15

出所：隔週刊誌『プレジデント』より

ここでは東大と京大だけの統計を示したが、他の有力大学である一橋大、阪大、慶應大、早稲田大などもこの姿に近い。もっとも早慶両大学は、卒業生の数が多いだけに全員が大企業に就職するのではなく、中小企業にも少なからずの学生が就職している。

なぜ東大・京大などの有力大学の卒業生がこれらの大企業に就職するのであろうか。いくつかの理由を指摘できる。第一に、入試が困難なので学力の高い学生が集まっていることに衆目《しゅうもく》の一致がある。大企業では、頭の良い人がいい仕事をする場が多いのである。第二に、高い学力を得るには勉学に励まねばならない。これには「努力」することにためらいがないことを意味するので、有力大学の出身者は入社後も「努力」を重ねることが予想され、将来有望な社員となる確率が高い。

第三に、これまでの長い会社の歴史によると、有力大学の出身者はいい仕事をした人が多いので、同じことを後輩に期待できる。第四に、有力、あるいは名門大学の卒業生が社内に多いと、その企業の名門度が上がるメリットがあるし、社会での通りがよい。

とはいえ、確かに大企業で働くということは、職の安定性、仕事の大きさ、収入の高さなどからすると魅力は大きいが、優秀な社員が多いだけに競争が激しくて、下手をすると管理職や経営者に昇進しない可能性がある。しかも長い間下積みでいると、上からの指令でしか動かない「駒」のひとつになり下がる可能性もある。そうであるなら、むしろ中小企業に就職して、若い頃から責任のある仕事を任されて、経営者になる道の方が魅力的かもしれない。あるいは自分で起業して、失敗のリスクは覚悟せねばならないが、ビジネスが成功すると創業経営者として高い収入を得られる可能性がある。森剛志《もりたけし》との共著『日本のお金持ち研究』『新・日本のお金持ち研究』においても述べたが、日本の高額所得者の代表はサラリーマン重役・経営者ではなく、起業経営者なのである。

ここで東大出身の起業経営者を何名か挙げておこう。少し古いが有名どころではライブドアの堀江貴文《ほりえたかふみ》（通称・ホリエモン）、チームラボの猪子寿之《いのことしゆき》、ミクシィの笠原健治《かさはらけんじ》、ユーグレナの出雲充《いずもみつる》などがいる。京大であればDeNAの春田真《はるたまこと》（横浜のプロ野球チームを経営するDeNAの創業者・南場智子《なんばともこ》と共に経営）、グーグル日本法人代表の村上憲郎《むらかみのりお》、コイニーの佐俣奈緒子《さまたなおこ》などがいる。

ここではあえて大企業に就職してそこで働き続けるか、それとも中小企業で働いたり創業経営者になることがいいのか、という選択の良し悪しについてはこれ以上論じない。個人の性格によるし、人生に何を求めるかという価値観にも依存するからである。

企業での出世はどうか

企業に入社してから仕事に従事し、キャリアを重ねながら役職を昇進していく。一昔前は係長、課長、部長、取締役、社長というのが一連の昇進経路であったが、現今の企業では役職にカタカナ名が多く入って、たとえばディレクター、マネージャー、ヘッドなどという名称などが用いられている。部署の大きさや責任の度合いを検討することは至難《しなん》の業《わざ》である。

表4－8
日本企業における社長の出身大学

	大学	人
1	日本大	22, 196
2	慶應義塾大	11, 440
3	早稲田大	10, 826
4	明治大	9, 373
5	中央大	8, 337
6	法政大	6, 769
7	近畿大	6, 262
8	東海大	5, 703
9	同志社大	5, 555
10	関西大	4, 365

出所：朝日新聞出版
『大学ランキング2017』

そこでここでは一番わかりやすいトップである社長に注目して、大学別の社長輩出に注目してみよう。まずは日本の企業を全体で見た社長輩出である。それは**表4－8**で示されている。この表は大企業から中小企業までを含んだ数字であることに留意されたい。この表で特徴的なことは、まずトップ10の大学は全部が私学であること。そして私学にあっても学生数の多いマンモス大学である。卒業生の数が多ければ当然企業で働く人の数も多いので、これらマンモス大学出身の人が社長になる数が多くなる。

しかしマンモス私大とはいえ、第2位の慶應大、第3位の早稲田大と名門大学が上位にいるので、中小企業においては早慶の卒業者が多く社長になっていると解釈できる。さらに加えれば、トップ10の大学はすべてがいわば名前の知られた大学なので、有名大学卒が優位に立っているのである。

本書の関心である東大と京大に注目すると、東大が20位の2575名、京大が31位の1770名となっており、トップ10よりかなり下位の順位にいるし、社長輩出数自体もトップ10よりかなり少ない。一つには東大・京大の卒業生数が私学のマンモス校よりも少ないことが挙げられるが、これに加えて二つの事情がある。第一に、東大・京大の卒業生は大企業に就職するのがほとんどであり、大企業では社長になるのは至難なことなので、社長数自体で評価すれば大企業での社長数は少なくなる。第二に、もしこの

表4－9
上場企業における
役員出身大学・学部（指数表示）

	大学・学部	指数
1	東京大学・経済学部	0.825
2	東京大学・法学部	0.767
3	京都大学・経済学部	0.659
4	慶應義塾大学・経済学部	0.537
5	一橋大学・経済学部	0.514
6	一橋大学・商学部	0.445
7	京都大学・法学部	0.394
8	九州大学・工学部	0.391
9	慶應義塾大学・法学部	0.378
10	名古屋大学・経済学部	0.373

注：輩出率は、各大学の出身者が上場企業の役員になる確率を算出するため、上場企業の役員数を各大学の今年の就職者数で割った値。
出所：http://ranking100.web.fc.com/yakuin003.html

表4－10
上場企業における
社長の出身大学・学部（指数表示）

	大学・学部	指数
1	東京大学・経済学部	0.135
2	東京大学・法学部	0.106
3	慶應義塾大学・経済学部	0.094
4	京都大学・経済学部	0.087
5	慶應義塾大学・法学部	0.066
6	慶應義塾大学・商学部	0.065
7	大阪大学・経済学部	0.053
8	一橋大学・商学部	0.049
9	京都大学・法学部	0.046
10	一橋大学・経済学部	0.045

注：輩出率は、各大学の出身者が上場企業の社長になる確率を算出するため、上場企業の役員数を各大学の今年の就職者数で割った値。
出所：http://ranking100.web.fc.com/shachou001.html

表で東大・京大の卒業生が社長になっていることを想定すれば、もともと勤務していた大企業からキャリア途中で系列企業や関連企業という規模の小さい企業の社長となって派遣された例がかなり多いものと解釈できる。

ところがである。上場企業という大企業に限定すれば、様相はかなり変わってくる。**表4－9**は上場企業における出身大学別の役員輩出率（指数表示）を示したものである。この数字は社長だけではなく、役員という経営者であることに留意されたい。この表と前の表との最大の違いは、東大と京大が第1位と第3位というトップ10に入っていることにある。企業規模が大きくなると、東大と京大の卒業生が役員になる確率は高くなるのである。ついでながらトップ5に注目すれば、東大、京大、慶應、一橋となるので、世間の常識と合致する経営者輩出率である。

ちなみに上場企業の社長に限定したものが、**表4−10**である。この表によると、第1位が東大経済、第2位が東大法、第4位が京大経済であり、さすがに東大と京大の実力である。また、第3位に慶應経済、第5位に慶應法が入っており、慶應大の実力も注目に値する。

すなわち、日本の上場企業において社長を含めて経営者になるのは、東大、京大、一橋大という国立大と、慶應という私立大が優位に立っている、ということになる。

第5章

研究実績と卒業生から評価する

1　東大と京大の研究実績の現実

明治時代の帝国大学の時代から現代まで、東大・京大の両大学は日本の学問研究をリードしてきたことに衆目の一致がある。それは理科系・文科系を問わずにあらゆる分野において、上はノーベル賞からはじまって、第一級の研究実績を続々と世に問うてきた歴史があるからである。

東大・京大の研究を語るときは、東大・京大に在職中か退職後に、すなわち教授として東大・京大にいる（あるいはいた）人の場合と、卒業後に他の大学や研究所で研究実績を上げた人の二種類がいる。簡単には、教授と学生（あるいは卒業生）の区別である。もとより東大・京大教授には東大・京大出身の人が多いので、両方を兼ねている人が多く、区別の意味はさほどないかもしれないが、東大・京大に残る人と残らずに他の大学に移る人の差に注目するのも一興なので、あえて区別するものである。

表5－1　教員の純血率（自校出身比率）

法学部系			経済学部系			文学部系		
	大学	%		大学	%		大学	%
1	東京大	83.3	1	京都大	51.3	1	京都大	76.5
2	京都大	80.5	2	同志社大	49.1	2	東京大	69.1
3	早稲田大	62.5	3	神戸大	47.9	3	東北大	62.5
4	慶應義塾大	56.9	4	早稲田大［政治経済］	42.9	4	早稲田大	62.2
5	創価大	54.5	5	明治大［政治経済］	41.4	5	広島大	55.7
6	一橋大	53.4	6	東京大	39.7	6	慶應義塾大	54.4
7	日本大	46.7	7	大阪市立大	35.7	7	大阪大	44.7
8	北海道大	43.5	8	九州大	34.5	8	龍谷大	44.4
9	同志社大	41.1	9	関西学院大	32.1	9	九州大	40.0
10	九州大	34.7	10	慶應義塾大	32.0	10	関西学院大	39.0

2014年度　専任の教授、准教授、講師、助教以上。最終学歴（大学院を含む）が自校出身者。
出所：朝日新聞出版『大学ランキング2016年版』

現役教授の自校出身比率

東大・京大の教授には自校出身の人が多いと述べたが、その事実を確認しておこう。**表5－1**は自校出身者の比率を主として文科系学部（法学、経済学、文学）で示したものである。法学部では両大学は80％の高さで他大学よりかなり高く、文学部も70％前後の比率なので、非常に高い内部出身者比率である。

この両学部では歴史的な伝統として、学部時代の学業成績がトップ級の人を助手（現在では助教と呼ぶ）の教員として採用していた。それは東大と京大の法学部に特有な制度で、公務員や法曹の世界に進む人との競合があるので、学部卒のときから将来の教員を確保しておこうという意図があった。学部卒で助手になる人（すなわち給料がもらえる）と、大学院に進学する人（学費を払う人）の二本立ての区別をしていたので、前者はエリート主義という解釈も可能であった。現今ではさすがにこの制度は不公平さがあるとして廃止され、ほとんど全員が大学院修了後に教員として採用される制度になっている。

文学部で自校出身者の多い理由は、自校出身者の学業成績優秀者を優先する考え方には変わりはないが、法学部と異なる点は大学院修了者を採用していた点である。この表では学部卒を中心に統計を取っているので東大ないし京大文学部卒が大半である。東大や京大の学部卒ではなく、他の大学から東大・京大の大学院に入学して修士ないし博士課程を修了した教員も中にはいる。

東大と京大で法学と文学に自校出身者の多い理由は、明治時代以来の帝国大学における人事のやり方の典型として、自校出身者が他の大学出身者よりも優秀であるという自負が両大学にあったことと、教授も自分の教え子は可愛いので、後輩を優先的に採用したのである。自校出身者で固めることが、両大学の両学部の伝統を保持できると信じていたのである。

しかし、この方式には一つの欠点があった。一度助教授（今では准教授と呼ぶ）になれば将来は安泰と思って、研究ないし教育に励まない教員の出てくることは避け難いことであった。さらに学業成績の優秀な人が将来に必ず立派な研究業績を出すようになる、ということも１００％保証できないのが学界での常識である。

このリスクを最小にするため、アメリカの大学ではテニュア制度というのがあって、Ｐｈ．Ｄ．（博士号）取得後に新人教員を採用してもそれは６～７年の仮採用にすぎず、この間その人がどれだけの研究実績（学術論文の出版）を示すかをじっくり見てから、本格採用するかどうかを決めるのである。特に研究中心の大学ではこのテニュア制度は厳格で、「publish or perish（研究業績を上げなければ大学を去れ）」という言葉があるほどに、研究実績は教員にとって大切なことなのである。

日本の旧来の東大・京大の法学部では学部卒だけで採用していたのであるから、誇張すれば、「単に勉強のできる人を採用して、将来の研究能力は不問にした」と言えなくもない。あるいは、「学業成績の抜群の人は将来に優れた研究業績を出せるだろう」と信じていた。

日本でも経済学部の教員採用はアメリカの制度にやや近い。東大では自校の卒業生は40％弱にすぎないことに注意してほしい。近接の法学部や文学部よりもはるかに低いのである。これを解く鍵は拙著『ニッポンの経済学部』が強調するように、日本の研究中心の経済学部では教授の学歴はアメリカンPh．D．（アメリカの大学院の博士号）が主流になっており、法学部や文学部とはまったく異なっている。この表での東大経済学部の教員に関しては、アメリカの大学院出身者が多いので40％弱と低い比率になっているが、東大経済学部を卒業してからアメリカの大学院で学んだ人を含めれば、この数字はもっと高くなるものと予想できる。

興味のあるのは京大経済学部である。拙著・前掲書『ニッポンの経済学部』の示すように、京大はマルクス経済学の経済学者が中心に占められていたので、マル経学者はアメリカで学ぶことがないのであり、京大出身者が多いということになる。それでも50％強にすぎないので、法学部や文学部よりかは自校出身者が低い比率である。

ついでながら京大には筆者の長くいた経済研究所という別組織があり、そこの経済学者はマルクス経済学ではなく、対極の近代経済学の専攻者が多い。経済研究所は学者の研究実績を重視するので、内部出身者で固めようとする人事方針や出身大学にこだわるよりも、その人の研究業績を基準にする雰囲気の強いことが特色となっていることによる。

現役教授の研究実績

まずは現役教授がどれほどの研究実績を上げているのかを検討してみよう。最近は科学雑誌の出版社が、個人別や大学別に研究論文の数を公表することが一般的となった。これを基に日本の大学において東大と京大の実績、そして論文の中でも特に優れた、あるいは学界にインパクトを与える論文を基準に評価してみよう。

表５－２はいろいろな出版社や論文発行元が学術論文としてどれだけの公表と引用があるかを示したものである。エルゼビアとトムソン・ロイターは出版社や研究団体の名前を示すもので、大学別に総論文と総引用論文数がどれだけあるかを示したものである。ネイチャーとサイエンスは数多くある学術誌の中でも特にプレスティージが高く、しかもインパクトの大きい論文を掲載する学術誌として高名である。なお同時に個人の研究者がどれほどこれらで出版したかをも示した。

ここに出た論文の執筆者は将来のノーベル賞候補とされるほどのインパクトのある論文を書いた、と評価されている。トップ10に限定したのは東大と京大が上にいることを示す目的と、これらトップの大学と他の大学との差がどれだけであるかを示すためである。なお、ここに現われた東大・京大以外の大学も、日本の中では第一級の研究業績を上げてい

「ネイチャー」掲載論文

2009～2014年		
	大学	本
1	東京大	102
2	京都大	60
3	大阪大	48
4	東北大	26
5	名古屋大	24
6	東京工業大	21
7	北海道大	18
8	慶應義塾大	17
9	九州大	13
	神戸大	13

執筆者(2009～2014年)		
	名前[大学]	本
1	審良静男[大阪大]	7
	石谷隆一郎[東京大]	7
	濡木理[東京大]	7
4	岩田想[京都大]	5
	横山茂之[東京大]	5
6	岩井一宏[大阪大]	4
	大野博司[千葉大]	4
	加藤茂明[東京大]	4
	河岡義裕[東京大]	4
	佐藤荘[大阪大]	4
	塚崎智也[奈良先端科学技術大学院大]	4
	服部正平[東京大]	4
	福田真嗣[慶應義塾大]	4

「サイエンス」掲載論文

2009～2014年		
	大学	本
1	東京大	107
2	京都大	62
3	大阪大	43
4	東北大	32
5	名古屋大	24
6	北海道大	18
7	東京工業大	17
8	広島大	16
9	総合研究大学院大	15
10	九州大	14
	筑波大	14

執筆者(2009～2014年)		
	名前[大学]	本
1	大杉節[広島大]	11
	髙橋弘充[広島大]	11
	水野恒史[広島大]	11
4	花畑義隆[京都大]	10
	深澤泰司[広島大]	10
6	片岡淳[早稲田大]	9
7	諏訪元[東京大]	8
8	岡崎隆司[九州大]	7
	片桐秀明[茨城大]	7
	中村智樹[東北大]	7

表5－2　学術誌における執筆論文数と被引用度数

エルゼビア研究実績

総論文数		
	大学	件
1	東京大	55,251
2	京都大	37,420
3	大阪大	32,231
4	東北大	30,815
5	九州大	21,897
6	名古屋大	21,010
7	北海道大	19,524
8	東京工業大	18,184
9	筑波大	14,027
10	慶應義塾大	13,816

総被引用数		
	大学	回
1	東京大	343,786
2	京都大	219,305
3	大阪大	180,224
4	東北大	154,968
5	名古屋大	112,591
6	九州大	100,178
7	北海道大	93,755
8	東京工業大	88,335
9	筑波大	71,112
10	慶應義塾大	62,931

トムソン・ロイター　高被引用論文

総合(国内2004年1月～2014年12月)				
	大学	被引用数	平均被引用数	高被引用論文数
1	東京大	274,063	209.05	1,311
2	京都大	162,498	219.89	739
3	大阪大	141,770	240.29	590
4	東北大	114,376	226.49	505
5	名古屋大	75,814	223.64	339
6	東京工業大	59,780	207.57	288
7	九州大	49,787	196.01	254
8	筑波大	46,141	198.88	232
9	北海道大	36,143	174.60	207
10	広島大	31,189	167.68	186

出所：朝日新聞『大学ランキング2016年版』

る大学であると認識されている。具体的には旧制帝国大学が上位にあり、東工大、筑波大、広島大、神戸大、慶應大などがそれに続いている。

あらためて東大と京大の教授の研究論文の数が多いことがわかるし、引用されるという影響力のある論文を多く書いているのも、両大学に所属する教授である。研究の面からもこの両大学は日本の大学をリードしていることが明確である。ただし、東大と京大の差に注目すれば、東大は京大よりもかなり上にあるということが歴然としている。いわばダントツのトップが東大であり、むしろ第3位の大阪大が第2位の京大に肉薄していると言った方がよい。もっとも、東大は数多くの研究者を抱えているので、一人あたりに換算するとこれほどのダントツではない、との声はある。

いつだったか、阪大の総長が「我々はいつまでも第3位にいるのではない。いつかは京大を追い抜くのだ」といったようなことを発言した記憶がある。この発言はあながち不自然なことではない。ネイチャーに一番多く出版している審良静男《あきらしずお》・阪大教授はノーベル生理学・医学賞の有力候補とされるし、岩井一宏《いわいかずひろ》（ただし最近になって阪大から京大に移籍している）や佐藤荘《さとうたかし》も阪大所属である。余談であるが、審良教授は京大からの移籍の誘いに応じず阪大で研究を続けることを決意したことで話題となったが、有力教授の勧誘合戦は日本の大学でも起こりつつあると言ってよい。

研究実績を上げて有名になると、他の大学から移籍のお呼びがかかるのはどの国でも見られる現象であるが、日米間で異なる点が多々ある。もっとも大きな違いは、アメリカの大学ではアメリカ大リーグの野球選手の報酬のように、教授間で賃金格差が非常に大きいが（すなわち有能で研究実績の高い教授の給料はそうでない人よりもはるかに高い）、日本では、たとえば国立大学であれば年功序列が基本なので、最近は多少の差は見られるようになったといえ、ほとんど差がない。そこで日本の大学教授が移籍する理由は、一つにはその大学・学部のプレスティージの高低、二つには研究環境の良し悪し、（すなわち研究費と研究設備の多寡と研究を手伝ってくれる大学院生の質を含めて）、三つにどの地域、ないしどの都市の大学か、ということに限られる。

ノーベル賞受賞者

東大と京大との比較に戻ると、学術論文の数と質における比較からすると、東大は京大をかなり凌駕《りょうが》していることがわかったが、ノーベル賞という世界のトップ水準の学術に注目すると、話はやや変わってくる。**表５‐３**は歴代のノーベル賞受賞者全員に関して、卒業大学名（学部）、研究活動時の主な所属先、受賞時の所属先を示したものである。最近であれば学部の卒業大学先よりも大学院修了先（あるいは博士号取得先）がより大切であるが、日本では以前は学部がより重要だったので学部だけを示した。

この表でいくつかの興味のあることがわかる。まず第一に、大半が自然科学における受賞（24名中21名）であることと、文学賞2名と平和賞1名という分布である。ところでこれら後者の3名は全員東大出である。なお日本人に経済学賞の受賞者はまだいない。学問ということであるなら、物理、化学、医学・生理学が代表なので、ここでは自然科学を主として論じてみたい。

第二に、卒業大学名においては、京大6名、東大4名、名大3名、他の大学がそれぞれ1名という分布である。過去においては京大卒のみが受賞者という時代だったので、京大の圧勝というイメージがあったが、東大もかなりいい線

受賞時の所属先
京大
東京教育大
米ＩＢＭ
東大
高エネルギー物理学研究所
京大
名城大
名大
引退後
カリフォルニア大
東大
京大
筑波大
名大
島津製作所
ウッズホール海洋研
北大
パデュー大
ＭＩＴ
京大
北里大学
作家
作家
政治家

表5－3　日本人のノーベル賞受賞者

		卒業大学	研究活動時の主な所属先
物理学賞	湯川秀樹	京大	阪大
	朝永振一郎	京大	東京文理大・理化学研
	江崎玲於奈	東大	ソニー、米ＩＢＭ
	小柴昌俊	東大	東大
	小林誠	名大	高エネルギー物理学研究所
	益川敏英	名大	京大
	赤崎勇	京大	名大
	天野浩	名大	名大
	南部陽一郎（米国籍）	東大	大阪市大、シカゴ大
	中村修二（米国籍）	徳島大	日亜化学
	梶田隆章	埼玉大	東大
化学賞	福井謙一	京大	京大
	白川英樹	東工大	筑波大
	野依良治	京大	名大
	田中耕一	東工大	島津製作所
	下村脩	旧長崎薬学専門学校	プリンストン大学等
	鈴木章	北大	北大
	根岸英一	東大	シラキュース大、パデュー大
医学・生理学	利根川進	京大	ＭＩＴ
	山中伸弥	神戸大	奈良先端大
	大村智	山梨大	北里大学
文学賞	川端康成	東大	作家
	大江健三郎	東大	作家
平和賞	佐藤栄作	東大	官僚・政治家

をいっている。すなわち現代では京大6名、東大4名なので、昔の京大圧勝のイメージはもうない。

むしろ特筆すべきことは名大の健闘である。出身者で3名、在籍者として2名もいるので、京大・東大に続くノーベル賞大学というのが、名大である。余談であるが、東京ではメイダイといえば明治大のことをさし、名大はナダイと発音されることもあるらしく、中央集権時代の悲哀を東海地区の人は味わうのである。

ついでながら最近の特徴は、地方大学出身者の激増である。すなわち、徳島大、長崎大、埼玉大、山梨大であり、いわゆる旧帝大などの名門大学の独占ではない。とはいえ、まだ全員が国立大学出身であって、私立大学出身者にノーベル賞の受賞者はまだいない。

第三に、確かに京大と東大の出身者にノーベル賞受賞者は多いが、受賞の対象となった研究は京大や東大にいるときに上げた成果ではなく、他の研究機関に在籍中になされたことが目立つ。端的には、京大なり東大を卒業してから京大なり東大で研究を続けた人は、化学の福井謙一《ふくいけんいち》（京大）と物理の小柴昌俊《こしばまさとし》（東大）の二人にすぎない。

なお湯川秀樹は京大の人というイメージが強いが、京大卒業後は阪大に就職してから阪大での研究成果がノーベル賞の対象となったのである。しかし阪大から京大に移ったのも事実である。これも余談であるが、東京では阪大（ハンダイ）がサカダイと呼ばれることがあり、これも中央集権時代の一つの顔である。

ではなぜ、京大や東大の出身者が他の大学に移ってから研究業績を上げるのだろうか。いろいろな理由が考えられる。これまで見てきたように東大や京大には優秀な学生が集まっている。もし研究者を目指すなら本人の頭脳の良さ、どれだけ研究に努力するか、そして最後は運というものもある。まず第一に、そもそも東大や京大を卒業してから東大や京大の教員になる（すなわち大学に残る）のは、教員のポストが非常に限られているので、残ることは至難の業である。多くの人は他の大学に移らざるをえない。

第二に、どこの大学に就職していくか、需給の関係があるし、指導教授の力次第ということもあって、そう簡単には決まらなかった。できるだけ良い大学に行きたいという希望は人情なので、あながち否定されるべきことではない。なお現在は多くの大学が公募制度を採用しているので、かなり公平に採用人事が決まる時代になっている。

とはいえ、採用側の大学に東大・京大の出身者が多ければ、応募者が東大・京大出身者であれば多少有利になるということはありえよう。一昔前では、「○○大学は東大の植民地」、「△△大学は京大の植民地」ということが学界でよく言われており、東大・京大出身者は他の大学に就職するに際して有利であった。

第三に、ではどういう大学に移るかといえば、これまた東大・京大に次ぐ水準の高い大学が多い、ノーベル賞受賞者に限定すれば、東大から大阪市大に行った南部陽一郎《なんぶよういちろう》、京大から阪大に行った湯川秀樹、東京文理大への朝永振一郎、名大に行った赤崎勇《あかさきいさむ》、野依良治などが目立っている。

ここで注目すべき就職先は、民間企業と外国の存在である。大学だけではなく、民間企業で素晴らしい研究成果を示した人が数人いるし、活躍の場を外国に求めた人も数人いる。後者に関しては、有能であると認められた研究者には、アメリカではかなりの優遇をするし、アメリカなどの研究水準の高いところで挑戦する気概《きがい》のある人にとっては、アメリカ行きはむしろ好ましいことである。

やや皮肉めいたことを付言《ふげん》すれば、自分の大学に研究者・教員として残れなかった人は、「なにくそ」という感情から、大学に残った人よりもより頑張ることがありうる。一つの動機として、良い研究成果を出して東大・京大に戻りたいという気持ちがあるかもしれない。あるいは東大・京大に戻りたいという気持ちよりも、東大・京大に残った人よりも高い研究水準を出したいという素朴な動機を持つ人もいる。

これに関して私がよく知る経済学の世界では、東大経済学部が巧妙な人事政策を採用していたことを述べよう。東大出身の人でとても優秀な人であっても、若い時代に一度は東大以外の大学に出す(すなわち就職させる)方針である。そしてしばらくしてそれらの人の中で素晴らしい研究業績を示した人を東大に戻すという政策である。これはすでに述べた東大に残った人と残れなかった人の間の無用な軋轢《あつれき》を避ける、というメリットがある。

眼を外国に転じると、実はアメリカの大学では経済学のみならず、ほとんどの学問分野において、卒業した大学に最初から最後まで居続ける人は非常に少ない。大学間、そして大学人の間で競争が激しいので、賃金と研究条件をめぐって大学間を頻繁に移動するのである。アメリカ大リーグにおける野球選手の頻繁なチーム間移動と同じ世界である。

どこの大学出身者が大学教授となっているか

東大・京大出身ノーベル賞受賞者で後に他の大学で仕事をしている人の多いことを述べたが、これに関連して日本の大学における教員のうち、東大と京大出身者がいかに多かったかを確認しておこう。**表５－４**は大学教授を多く出している大学のトップ16の大学に注目して、その人数と何％の人を供給しているかを調べたものである。

この表で目立つことは、なんと東大と京大の大学教授輩出数とその占拠率が、他の大学を圧倒して高いことである。国立大学で11％から15％、公立大学と私立大学で９％前後の輩出率であり、日本の大学教授のほぼ20％前後が東大か京大の出身者なのである。日本の四年制大学が８００校近くあるところに、それらの教授の出身大学はなんと20％が東大と京大で占められているので、東大と京大は大学教授輩出校といっても過言ではない。

ついでながら16位の大学でも占拠率は1％から2％にすぎないのであるから、ここに大学名を書いてはいないが、下位の大学に関しては自校出身の大学教授の輩出数は限りなくゼロに近いということを想像させうる。他の大学教員の輩出大学は国立大と公立大では旧帝大が多く、国立大では東大・京大がトップに変わりないが、私立大の有力校である早稲田、慶應、日本大、明治大などがトップ16に入っている。逆に言えば、国立大や公立大に注目すれば、早稲田大が国立大で第13位にいるにすぎず、国公立大の優位が目立っている。さらに私立大においても国立大の優位が目立っているので、ここにも国立大学の地位の高さがわかる。日本の大学教授を輩出しているのは主として旧帝国大学であり、その中でも東大と京大のプレセンスが顕著である。

なぜ東大と京大のプレセンスが目立つのかは、なぜ一流大学を卒業した人の研究業績が高いのかについて言及することにより、これから説明したい。

立大学	
教員数（人）	占拠率（％）
5,713	9.2
5,460	8.8
3,218	5.2
3,091	5.0
2,393	3.9
1,999	3.2
1,830	3.0
1,744	2.8
1,608	2.6
1,561	2.5
1,429	2.3
1,180	1.9
1,040	1.7
830	1.3
814	1.3
803	1.3
61,943	

なぜ東大・京大、そして他の一流大学の研究者は強いのか

東大・京大の出身者、あるいは

表5－4　全国の大学教授の出身大学別の数とその占拠率

国立大学			公立大学			私
出身大学	教員数（人）	占拠率（%）	出身大学	教員数（人）	占拠率（%）	出身大学
東京大	6,164	15.1	京都大	714	9.5	東京大
京都大	4,443	10.9	東京大	684	9.1	（外国大）
東北大	2,586	6.3	（外国大）	455	6.0	京都大
大阪大	2,391	5.9	大阪市立大	401	5.3	早稲田大
九州大	2,672	5.8	大阪大	349	4.6	慶應義塾大
筑波大	2,341	5.7	九州大	274	3.6	筑波大
北海道大	2,019	5.0	東北大	250	3.3	日本大
（外国大）	1,683	4.1	筑波大	219	2.9	大阪大
名古屋大	1,676	4.1	大阪府立大	193	2.6	東北大
広島大	1,395	3.4	名古屋大	192	2.5	九州大
東京工業大	1,216	3.0	東京都立大	190	2.5	名古屋大
神戸大	346	1.6	広島大	183	2.4	北海道大
早稲田大	604	1.5	北海道大	165	2.2	広島大
東京芸術大	579	1.4	東京芸術大	146	1.9	神戸大
東京都立大	414	1.0	記載なし	146	1.9	東京都立大
金沢大	371	0.9	神戸大	144	1.9	明治大
合計		40,729	合計		7,546	合計

出所：文部科学省ＨＰ　2001年調査

一流の大学を出た人や、そういう大学や研究所に属している人の研究成果の優れていることはわかったが、ここでなぜそういう人が優れた研究を行なうことができるのかを考えてみよう。いろいろな理由がある。

　第一に、誰でも予想できることであるが、東大など一流大学を卒業した人は頭の良い、しかも勉強好きな人が多いので、研究に熱心なことがある。ただしノーベル賞受賞者の中には一流大学出身でない人もいるのであり、一流大学出身が必要条件ではない。

表5－5　科学研究費補助金配分総額

大学別		
	大学	円
1	東京大	21, 612, 981, 000
2	京都大	13, 961, 610, 000
3	大阪大	11, 099, 332, 000
4	東北大	9, 791, 119, 000
5	名古屋大	7, 525, 440, 000
6	九州大	6, 902, 610, 000
7	北海道大	5, 518, 110, 000
8	東京工業大	4, 702, 750, 000
9	筑波大	3, 706, 170, 000
10	慶應義塾大	3, 248, 050, 000

教員一人あたり		
	大学	円
1	東京大	8, 775, 063
2	京都大	7, 130, 546
3	東京工業大	6, 380, 936
4	名古屋大	6, 010, 735
5	大阪大	5, 535, 826
6	東北大	5, 427, 450
7	東京医科歯科大	4, 676, 389
8	九州大	4, 357, 708
9	北海道大	3, 725, 935
10	京都府立医科大	3, 311, 803

2015年度　文部科学省資料から
出所：朝日新聞出版『大学ランキング2017年版』

ちなみに2015年度のノーベル賞受賞者は物理が梶《かじ》田《た》隆章《たかあき》（埼玉大卒）で医学・生理学が大村《おおむら》智《さとし》（山梨大卒）の二人で、学部は東大や京大卒ではない。たまたま家庭の事情で地元の大学に進学せざるをえなかったりすることは多々ある。あるいは学部入学時はそれほど高い学力ではなかったが、その後十二分に伸びる可能性の高いことはありうる。したがって、もっとも重要でかつ最低限の条件として、研究に格別に熱心に取り組む姿勢の持主であらねばならない。

第二に、研究、特に自然科学の研究には多額の研究費が必要なことは誰にもわかることである。特に実験設備の費用や研究補助者を雇用するための人件費が大切である。このことを裏付ける証拠として、**表5－5**によって文部科学省の科学研究費補助金の総額と一人あたりの配分額を大学別に見てみよう。ここで文科省の科研費とは、研究者が研究計画を提出して、審査委員の査定を経てから配分の決まる研究費である。

総額は東大の216億円のダントツのトップであり、第2位の京大の139億円を大きく離している。一見東大の圧勝の感があるが、教員一人あたりに換算すると両大学の差は大きくない。東大と京大による総額の差は、東大の方が京大よりも教員数が多いことが原因なのである。

教員一人あたりの研究費で比較すると、東大と京大が他の大学を上まわっている程度が大きいので、ここで東大・京大の優位性が読み取れる。似たことは**表5－6**による外部資金の導入額によってもいえる。ここで外部資金とは、大学が民間企業やさまざまな研究財団から、あるいは文科省以外の省庁から研究資金の提供を受けて、研究資金として活用するものである。これにおいても一人あたりに換算すると、ここでも東大と京大の優位が明らかである。

なおこれらの表には下位の大学の数字を出していないが、東大・京大の研究者は科研費や外部資金において、たとえば順位として第70番目にいる大学の教員よりも、およそ5倍

表5－6　外部資金の導入額

総額			教員一人あたり		
	大学	円		大学	円
1	東京大	49, 138, 570, 000	1	東京大	19, 950, 698
2	京都大	33, 200, 630, 000	2	京都大	16, 956, 399
3	大阪大	23, 435, 656, 000	3	豊田工業大	14, 430, 552
4	東北大	18, 510, 765, 000	4	大阪大	11, 688, 606
5	名古屋大	13, 004, 416, 000	5	東京医科歯科大	11, 646, 551
6	九州大	11, 791, 106, 989	6	東京工業大	11, 531, 465
7	慶應義塾大	10, 463, 959, 337	7	名古屋大	10, 386, 914
8	東京工業大	8, 498, 690, 000	8	東北大	10, 260, 956
9	北海道大	7, 732, 627, 880	9	浜松医科大	7, 449, 410
10	早稲田大	6, 758, 291, 062	10	九州大	7, 443, 881

出所：朝日新聞出版『大学ランキング2017年版』

から7倍の高さで一人当たり研究費を受領しているのである。

これほど大きな研究資金格差が一流大学とそうでない大学との間であることに対しては、いろいろな評価がありえよう。まず不公平だという声があるのは当然で、研究費の少ない大学、あるいは研究者からはこれだと良い研究はできない、という嘆きの声が聞こえてきそうだ。一方で研究費の多い側からは、自分たちはこれまで研究成果を上げてきたのであるから、これからもどんどん成果を上げてほしいという期待料だ、との声もありえよう。

全国の大学数が８００近くになり、大学教員も数多くいる大衆教育社会において、すべての研究者に平等に研究資金を準備することは不可能だし非効率でもあるので、ある程度の格差の存在はやむをえない。ただし多額の研究費を受けながらも成果の出せない人や出さない人、逆に能力がありながら研究費不足で悩んでいる人には、見直し策は実行されねばならない。

第三に、意外と論じられていないこととして、一流大学には優秀な研究スタッフのいることがある。それは大学院生が主たる役割であるが、実験を具体的に正確に実行したり、四六時中の実験データの観察と記録、内外における画期的な研究論文をあらかじめ読んで、その内容を研究会で報告、時にはいい研究上のアイディアを研究会などで提案するなど、共同研究が圧倒的に多い自然科学の研究においては、優秀な大学院生のいることは非常に重要なのである。東大・京大などの一流大学には、将来の研究者の卵である優秀な大学院生の存在があり、これらの大学での研究の質を高めていることは間違いない。

第四に、研究の質が高い大学においては、構成員たる教授間の緊張がかなりある。何も研究成果を出していない人には冷たい眼が注《そそ》がれるので、それらの人は頑張るであろうし、一方で研究成果のある人の間でも、同僚に負けたくないとますます頑張ることがある。これを心理学ではピア効果と称するが、研究者という構成員同士の監視による高揚効果である。

あるいはこれと関係するが、学生の質が高いだけに、学生からバカにされることを嫌って、研究に励むということも当然あるし、世間もこれらの大学の先生への眼は厳しいし期待も高いので、それに応えねばならないという義務感が研究に熱心になることを後押しする。

2 東大・京大生が尊敬する先輩

在校生が尊敬する先輩

東大や京大の在校生が自分たちの母校の先輩の中で尊敬する人は誰か、という興味深い資料があるので、それを検討してみよう。**表5－7**は尊敬度を20傑でランキングしたものである。この表から東大・京大生に共通の特色と、東大と京大の違いが読みとれる。

第一に、どの国でも大企業の会長・社長、あるいは経済団体のトップ（たとえば経団連会長など）はエリートの代表であるし、その国の経済を牽引する重要人物なので尊敬の対象になってよいが、この20傑には誰一人として入っていない。政治家（特に首相や大臣）も重要であるが、ここでは東大に二人、京大では一人しか登場していない。この表に現わ

表5－7
東大・京大の在校生が同校の先輩として尊敬する人の順位

	東大		京大	
順位	氏名	職業	氏名	職業
1	香川照之	俳優	宇治原史規	お笑いタレント
2	林修	予備校教師、タレント	湯川秀樹*	物理学者（ノーベル賞）
3	山崎直子**	ママさん宇宙飛行士	ヒャダイン	クリエーター、ミュージシャン
4	堀江貴文	起業家、文筆家	森見登美彦	作家
5	菊川怜**	女優、タレント	田中英祐	プロ野球選手
6	茂木健一郎	脳科学者、タレント	松尾依里佳**	バイオリニスト、タレント
7	小柴昌俊	物理学者（ノーベル賞）	朝永振一郎*	物理学者（ノーベル賞）
8	桝太一	ＴＶアナウンサー	万城目学	作家
9	太宰治*	作家	利根川進	生物学者（ノーベル賞）
10	夏目漱石*	作家	辰巳琢郎	俳優、タレント
11	齋藤孝	国文学者、タレント	梶井基次郎*	作家（三高卒の東大出）
12	野口聡一	宇宙飛行士	澤口俊之	生物学者、脳科学
13	鳩山由紀夫	政治家、元首相	前原誠司	政治家、元大臣
14	猪子寿之	起業家	赤崎勇	物理学者（ノーベル賞）
15	本村健太郎	弁護士、タレント	鳥越俊太郎	ジャーナリスト
16	隈研吾	建築家	山西惇	俳優
17	舛添要一	政治家、東京都知事	野依良治	科学者（ノーベル賞）
18	瀬尾拡史	サイエンスクリエーター	黒川紀章*	建築家
19	出雲充	起業家	京谷好泰	リニアモーターカー開発者
20	三島由紀夫*	作家	綾辻行人	ミステリー作家

注：（＊）印は死亡者
　　（＊＊）印は女性
出所：2015年7月25日（土）に日本テレビ系列で放送の「世界一受けたい授業」

れた人物はどうしても人々によく知られた有名人が多いので、経済人や政治家の出現する確率が低くなるというのは認めざるをえない。それにしてもこういうエリートの代表がほとんど出てこないのは、若い学生は財界や政界の人を嫌うことも影響している。

人間誰しも若い頃は理想に燃えているので、人生で成功して偉くなった大企業の経営者という経済人や目立つ政治家を好まないとか、自分の好きなように人生を歩みたいと思っていることが、この表からも理解できるのである。しかし現実には東大・京大生は大学を卒業してから本書でも示したように、経済人や政治家になっている人が非常に多いのであるから、人間誰しも年をとると現実味を帯びた生活にどっぷり浸かる人生を送るのである。

数十年前に日本の大学で学生紛争の激しかった頃、先頭に立って活動していたのが東大と京大の学生だったことが思い出される。当時の学生の大半は左翼支持者が多く、自民党支持などと言うと恥ずかしいほどであったが、年をとると人は保守化するのである。余談であるが現代の若者には保守支持者が多いのであり、このことは社会が全般的に過去と比較して保守化していることと関係がある。

第二に、このリストを見ると、企業や官庁といった組織に属さず自営業、すなわち自分の実力で勝ち取って成果を出した人への尊敬度が高いということがわかる。これは第一に述べたことの裏返しで、東大・京大生は自分の能力と実力で名を上げた人への尊敬心が強く、できれば自分もそうありたいという願望も込められているのである。自分は願わくばサラリーマンにはなりたくないのだ、という声の代弁かもしれない。とはいえ東大・京大生の大半はサラリーマンになっているのである。この表では起業家、作家、俳優、建築家、学者、マスコミ関係、タレントなどの中で素晴らしい仕事をして有名になった人の独壇場の感がある。

第三に、個々の職業に注目すると、作家が東大で3人、京大で4人とかなり多いが、東大と京大で大きな差がある。東大は本書ですでに強調したように、明治以来大作家を多く輩出してきたのであり、ここに登場した3名も歴史上で名の残る作家である。ただし、ノーベル文学賞を受賞した川端康成や大江健三郎がここに登場していないのは、小説というのは好みの果たす役割が大きいので、たまたま東大生の好みではないということかもしれない。一方の京大は、歴史上での大作家は少なかったし、ここで登場する作家は夏目漱石、太宰治、三島由紀夫などと比較すると、失礼ではあるが現時点ではやや小粒の感がある。

第四に、日頃新聞やテレビ、映画などによく登場する俳優・タレントが多いのは、一般人を含めて学生にも知られるチャンスが多いことによるが、ここに名の出た人は何となく知性と教養を漂わせる人が多いというのが特色である。東大の林修《はやしおさむ》、菊川怜《きくかわれい》、本村健太郎《もとむらけんたろう》がそうであるし、京大では宇治原史規《うじはらふみのり》、辰巳琢郎《たつみたくろう》などが典型である。特に京大の二人はクイズ番組で大活躍なので、普通のタレントとは異なって知識が深いぞ、というところが気に入られているのである。

第五に、一番人気に注目すると、東大が香川照之《かがわてるゆき》、京大が宇治原史規ということで、俳優とタレントが絶大な人気度ないし尊敬度なのである。普通はこういう職業とは無縁な東大・京大の卒業生と考えられているところに、両人はよく頑張っているぞ、という賞賛の声の代弁である。

第六に、学者に注目すると東大と京大の差が歴然としている。東大ではノーベル賞受賞では小柴昌俊が唯一であるところに、京大では5名のノーベル賞受賞者が登場している対比が興味深い。東大では他にもノーベル賞受賞者はいるのに、ここでは名前が登場せず、京大ではこれだけ多いのは、「ノーベル賞大学の京大」を京大生は誇りに感じているからこそである。

逆に皮肉な見方をすれば、京大は学者の世界に多くの人材を供給しているので学問における話題に関心が高いが、東大は東京といういろいろな活動の中心地にあるので多彩な人が多種の世界に進出しているのであり、必ずしも学問だけに関心があるのではない、という解釈もありうる。換言すれば、京大はとにもかくにも学問が第一であるのに対して、東大は学問以外のことにも関心があるし、それらで成功した人に一目をおく、ということになろうか。

最後に、このリストを見ながら他に気の付くことをいくつか述べてみよう。まずは20傑のうち、女性は東大で2名、京大ではただ一人しか登場しない。ママさん宇宙飛行士の山崎直子《やまざきなおこ》と、女優の菊川怜、バイオリニストの松尾依里佳《まつおえりか》である。後者の二人ともタレント業を兼ねている。東大・京大ともに女子学生が少なかったので、ここでの登場人数は非常に少ないのである。

次は東大卒の二人の貴重な宇宙飛行士のいることであり、東大がいろいろな分野に人材を供給している一つの証拠になりうる。最後は京大卒のプロ野球選手・ロッテの田中英祐《たなかえいすけ》である。これまで東大卒のプロ野球選手は5名いたが京大にはいなかったので、最初の京大卒のプロ野球選手に尊敬が集まったのである。

私の尊敬する卒業生

私の身近にいる人は経済学者であるし、非常に大きな影響を受けた人でもあるので、東大出の宇沢弘文《うざわひろふみ》、京大出の森嶋通夫《もりしまみちお》を紹介しておこう。独断と偏見の上での選択であることを許していただきたい。二人ともすでに故人であるが、生存中はともにノーベル経済学賞の候補にもなったので、学問的に優れた業績を示したことが尊敬の対象になりうる。

まず年長の森嶋（1923―2004）から始めよう。森嶋先生と私との関係は、私が阪大の大学院生の頃、直接の指導教官ではなかったが、10名ほどの学生が参加するゼミナールで教えを受けたことと、後に京大教授の頃イギリスの名門LSE（ロンドン・スクール・オブ・エコノミクス）に一年弱の期間にわたって在籍していたとき、個人的に頻繁に付き合わせていただいた間柄である。

森嶋にはユニークな逸話が多くある。第一に、本来ならば夏目漱石流の高等遊民を夢見て文学部に進学したかったが、父親に「文学部では食えない」と言われて渋々京大経済学部に進学した。当時京大ではマルクス経済学が全盛であったが近代経済学を専攻し、優れた論文を次々と書いていた。京大の助手から助教授になるときにまったく研究業績の劣る人と同時に昇進させられそうになったことを嫌い、当時は阪大の文科系は創設されたばかりの時期で、海のものとも山のものともわからないとき、阪大に移ったのである。なおその後阪大でも個性の強いことが災いして同僚教授とうまくいかず、イギリスの大学に移ることとなった。

第二に、太平洋戦争のさ中、学徒出陣して九州に駐屯していたとき、経済学の古典であるJ．R．ヒックスの『価値と資本』の英文書を20回以上も読み、本は真っ黒になるほどの手書きの注で埋《う》まることとなった。この時『価値と資本』の数学付録（マセマティカル・アペンディクス）を暗誦するほどぶつぶつ「アペンディクス」と口ごもっていたそうである。私たち学生にも『価値と資本』は20回読む必要があると言っていた。研究者になるにはしつこいほどの執着心が必要であるとの教訓であった。

第三に、先生の若い頃に「世の中で自分の嫌いなものが４つある。それは東大、巨人、岩波、ＮＨＫである」と、権威嫌いを鮮明にしていたのであった。とはいえ、亡くなられる数年前にお会いしたとき、「最近は大学の数が増えてきたので、自分が書店で何を先に見るかといえば、著者の出身大学と現職である。それが東大や京大であると安心して読むに値する」と関係ない人が聞くと嫌みが一杯の言葉があった。ここに京大関係者に特有の思いを読み取れる。京大は東大にはライバル心を抱くが、東大・京大が日本を代表する大学であるとの自負心も感じられる。

次は宇沢弘文（１９２８―２０１４）である。宇沢にも森嶋に勝るとも劣らない逸話が多い。第一に、学生時代は東大で数学を専攻したが、戦争による日本の経済破壊にショックを受けて、経済を立て直す熱意に燃えて専攻を経済学に変更したのである。ご本人の名誉のために述べておくと、数学の出来が悪いから経済学に変わったのではない。なぜそのようなことを書くかというと、現代の経済学が数学を駆使《くし》する学問になっており、言葉は悪いが数学崩れが多少存在するからである。

第二に、東大教授時代の風貌《ふうぼう》は白髪というかあまり髪はないところに白い長鬚《ひげ》、大学での講義中に黒板いっぱいに数式を展開してからしばし沈思黙考《ちんしもつこう》した後、「この数学は間違いだった」と一言述べて全部消してから、「今日はこれでおしまい」と中途で教室を出てしまうことがあった。ジョギングが大好きで、白髪、白鬚、短パン姿で新幹線の中で走っていたとの噂がある。「走っていた」というのは多分尾ひれのついた話で、姿のみであったろうと思われる。

第三に、リベラル派の政治信条を貫き通し、水俣病《みなまたびよう》や成田空港設置では抗議運動の先頭に立ち、身の安全を守るため警護人が付いたほどであった。若い頃の経済学の研究としては新古典派・市場主義に基づく理論的研究で名声を得ながら、後になって社会や政治では市場主義を否定するという行動に出たので、矛盾ありとの批判もなくはなかったが、若い頃からベトナム戦争を批判していたので心の中では一貫してリベラルであったと思っている。

第四に、やや自慢話になって恐縮であるが、宇沢先生が京大で学生相手に講演されたとき、「君たち、橘木先生から習えて幸せだよ。彼は素晴らしい学者だよ」と言われたとか。不幸にしてその現場で聞かなかった言葉であるが、後から私のゼミ生から教えられたのである。多分京大での講演なので、誰か京大の先生を褒《ほ》めねばと思われたからであろう。

森嶋・宇沢に共通することは、他人の顔を気にしなくて、自分のしたいことをやり、言いたいことを言う姿に魅力がある。これも本人の非常に優れた研究成果に裏付けされた自信によるので、まったく自信のない小心者の私からすると尊敬と憧れの対象となる経済学者なのである。

第6章

東大と京大の課題と今後

現状について

東大と京大の現状については、学生の入学状況と質、現役教員の研究成果、そして卒業生の活躍振りなどをかなり詳しく検討したので、ここでは再述をしない。基本的には日本を代表する大学として、両大学が果たさねばならない仕事（すなわち研究と教育）を行なっていると評価できる。文部科学省からの期待は大きく、両大学へのさまざまな支援策は増加中であるし、社会からも研究資金の提供が増加中なので、両大学はますます期待に応《こた》えてほしいものである。

あえて心配なことを述べれば、一部の部局・教員には対応できないほどの巨額の資金が集まっていることである。私がよく知っている経済学部を例にすれば、「東大経済学部にお金が集まり過ぎて、いただくだけの資金に見合う成果を出し切れていない」という声を経済学部の教授から聞いたことがある。少ないリソースのところに、多くの資金が集まるという他人からすればうらやましい話なのである。

資金を提供する側も天下の東大に出せば世間の注目度は高いだろうし、優秀な研究者が多いので見返りはあるだろうという期待のもとである。優秀な研究者は他の大学にもいるのであるから、もう少し分散して他の大学にも資金を提供してほしいものである。

東大・京大の現状に関する最大の話題は、2016（平成28）年度から両大学が推薦入試を実施すると決めて、実施したことである。推薦入試といえば、定員に満たない志願者しかいない大学・学部が学生をかき集める手段だったのだが、志願者数で悩みのない両大学が推薦入試に踏み込む理由はどこにあるのだろうか。東大は後期日程の入試を廃止して、その100人程度をそちらにまわすし、京大はすでに後期日程を廃止しており、各学部の裁量にまかせる方針である。

なぜ両大学が推薦入試を行なうかといえば、すべての受験科目を総合した筆記試験において平均的に学力の高い学生のみならず、特定の分野に強く、かつ意欲の高い学生で将来エリートになれそうな人を面接で選抜したいとの意向による。これだとある特定の科目がまったく不得意な学生も入学してくる可能性があるが、さすが東大と京大、センター試験の成績が一般入試での東大・京大の合格最低点をクリアーしている条件が課されるようなので、推薦入試の実施によって学力の低い人があわよくば東大・京大に入学できるのではないか、という幻想は持たない方がよい。

むしろ私が危惧するのは、面接で入学者を選抜するのは大変なことということにある。過去において全国偏差値のトップにある東大理Ⅲ（医学進学課程）面接を廃止したのだが、その理由は面接をしても受験生は高校や予備校での対策がなされていて、皆が同じ回答をしてくるので差がつけられない、というものであった。でもごく最近になって面接の復活を決定したので、うまくいくかどうか興味が持たれる。

私案としては、たとえば国際数学（今では物理、化学、生物、地学などもある）オリンピックに出場した人には、格別にその科目が強いのであるから優先的に推薦で合格させる、という方法が考えられる。こういう特定の科目に強い人は他の科目は弱いと想像されがちであるが、数学オリンピック参加者にインタビューしたことがあり、それほど弱いということはなく、一科目の超秀才は他の科目でもそこそこ秀才であるということを拙著『灘校――なぜ「日本一」であり続けるのか』で示したことがある。

国際オリンピックに出場する高校生はごく少数であろうから、他の方法で推薦入学者の数を増加させる方法を考えねばならない。それは高校時代の学業成績を重視することである。確かに高校間に学力格差のあることは事実なので、高校間の格差を割引く手段を高校・大学関係者が開発して、それを利用しながら個々の高校生の学力を評価するようにすればよい。

私は推薦入試はもっと活用してよい、という意見の持ち主である。なぜならば、日本の大学入試は受験での得点を上げるために高校生、あるいは中学・小学生まで含めて、受験勉強というムダをやらされすぎている。世界の先進国で入試のもっとも厳しいのはフランスと中国・韓国であろうが、公平に入学者を決めるというメリットには賛成する。とはいえ日本は大学に入る前に勉強をしすぎており、大学入学後に勉強をしなくなるという弊害がある。

ちなみにフランスは拙著『フランス産エリートはなぜ凄いのか』（以下、『フランス産〜』）で紹介したように、厳しい入試を経た後もエリート校での学業成績が重要なので、入学後も勉強している。日本では「入るのがむずかしく、出るのはやさしい大学」ということが有名になっているほどなので、必ずしも大学生が勉強しているのではないことは皆の知るところである。

東大・京大にもうまくいかないことはある

（1）東大の秋新学期への移行策…前総長の濱田純一が言い出したことで、海外の大学は

9月か10月の開始が多いので、行く人や来る人の留学をスムーズに行なうため、秋新学期への移行を企画したが、失敗に終わった。他の大学が追随《ついずい》しなかったこと

（特にライバルの京大が賛成しなかったことが大きいとされる）と、高校以下の学期との調整や企業への入社時期との兼ね合い、などが理由であった。一時期東大の内部はこの件で真二つに割れて混乱したが、その後遺症はかなり癒《い》えたと聞く。理想は秋新学期なので、頓挫した理由がうまく解決される案を伴って、再び東大がこれを提起するのか興味が持たれる。

（2）京大の「思修館《ししゅうかん》」構想…前総長・松本紘《まつもとひろし》（現・理化学研究所理事長）は調整型の多い国立大学の学長としては珍しいトップ・ダウン型の人で、いろいろな新しい制度を京大に導入した。たとえば若手で有望な研究者に特別の研究費を与える制度とか、高校・大学接続型の京大入試方式、教養教育を一元化した「国際高等研究院」構想などである。うまく進行しているのもあれば、もう少し時間を待たねば評価の決まらないものとかがあるが、開設当初からつまずいたものとして「思修館」構想がある。

これは5年間の一貫した大学院教育を行なうもので、日本のエリートを育成するというのが主目的で、全寮制を原則とするなど、今までの日本ではなかった画期的なものである。２０１２年から開設されて4年も経過するが、志願者が少なく定員を下まわる在校生しかいない。エリートになれそうでなれない人の入学の可能性がある。

なぜ失敗しそうなのか、いくつかの理由がある。第一に、日本ではエリートというものが明確ではないので、学部を卒《お》えて5年間も学ぶ必要があるのか、という危惧がある。高級官僚、政治家、大会社の幹部、法曹界というのが日本でのエリートであろうが、こういう職は学部卒、あるいはせいぜい修士卒で十分と認識されている。

第二に、大学院5年間の教育が必要なのは、多分研究者の道に進む人であろう。大学院で高等な学問を学びながら、教授などの共同研究にもまれて育っていくのが普通の道筋なので、旧来の医学、理学、工学、経済学といった研究科の大学院に進む方が、研究者への道としてははるかに訓練として役立つ。

第三に、5年間もの長きにわたって学費の負担をすることは、そうやさしいことではない。しかも高い学費なので自己負担は大変である。旧来の大学院であれば各種の奨学金や研究補助資金の提供方法はあるが、将来何になるかもわからない大学院生への経済支援をする機関はそうないと考えられる。

たとえば拙著・前掲書『フランス産〜』で紹介されたフランス流の徹底したエリート教育であればいざしらず、拙著・前掲書『日本のエリート』で論じられたようにエリート輩出の道が混沌《こんとん》としている日本であれば、エリートを大学院の5年間で生み出せるか、あるいは生み出す必要があるのか、ということを考慮すれば、「思修館」構想は大胆な変革をしない限り、中途半端な妥協で終わりそうな可能性もある。

課題

いくつか両大学の抱える課題を、箇条書きに簡単に述べておこう。

（1）勉強しない学生が結構いること…教育のところですでに述べたことであるが、理科系の学生は実験や演習が忙しいので勉学に励んでいるが、文科系は特に民間企業に就職する学生にとって、在学中の学業成績はほとんど考慮されないので、勉強しない学生が多い。東大のネコ文Ⅱ、京大のパラ経、という経済学部に特有の代名詞は、何もしなくても卒業できるという言葉であることを再述しておこう。

とはいえ、さすがに企業も勉強してこない学生が目立つのか、超名門企業（たとえば三菱商事や三井物産など十数社）が成績表を入社試験時に提出することを義務付けたので、少しは勉強に励むかもしれない。でもこれを実際には採用決定の際に用いるわけではなく、単に脅《おど》しにすぎないかもしれない。そして、企業が成績無視で選抜していることが経験知として学生に知れ渡れば、元に戻るかもしれない。

実はこの件はそう簡単な問題ではない。いわゆる学業成績優秀な学校秀才が、企業に入ってからいい仕事をするか、と問われれば、必ずしもそうは言えず、むしろ学業成績と企業での労働の業績とは無相関であろうと言える。あるいはやや極端かもしれないが、ガリ勉猛者は企業での実務に向いていないかもしれないのである。

（2）教員にも研究・教育に不熱心な人がいる

…学生に勉強しないのがいる、というのは実は教員にもあてはまる。研究をしない人、教育に熱心でない人は『経済学部タチバナキ教授が見たニッポンの大学教授と大学生』と前掲書『日本のエリート』で示したようにどこの大学にもいるし、東大・京大とて例外ではない。ただし、研究業績の高い人が東大・京大には多いので、この両大学には少ないと言える。問題は教育のおろそかな人である。研究能力と教育能力は一般にトレードオフ関係にあるので、研究実績のある人の教育の不熱心さは少しは容認できる。

問題は研究も教育もしない人が東大・京大にも存在していることは私の京大30年間の経験によると確実である。そういう人に対してどういう処置をすればよいのか、これは別に東大・京大だけの話ではないので、これ以上言及しない。詳しくは前掲書『日本のエリート』を参照してほしい。

表6－1
東大・京大における女性教員の比率

	東大		京大	
	人数	比率(%)	人数	比率(%)
全体	414	11.0	380	9.0
教授	66	5.2	68	6.0
准教授	97	10.8	100	8.8
講師	34	13.3	33	12.7
助教	217	16.4	179	12.0

出所：東大・京大のＨＰより

（3）**女性教員の少ないこと**…東大・京大に女子学生の少ないことはすでに述べたとおりであるが、教員に女性の少ないことはもっと深刻である。**表6－1**が示すように、両大学ともに女性教員の比率は10％前後の低さである。参考のために全国の大学全体における女性教員の比率は18％前後なので、東大・京大はかなり平均よりも低いことになる。もう一つの問題点は、助教、准教授、教授と地位が上がるにつれて女性比率は低下し、教授にいたっては5％前後というほんの少数にすぎない。

なぜこれほどまでに東大・京大で女性教員が少ないのか、いくつかの理由がある。

第一に、これまでの大学、特に一流大学においては自校出身者を多く教員として採用してきた伝統があるので、これらの大学で女子学生の数が少なければ供給が少ないことを意味し、採用しようにも候補者がいなかった。現在教授になっている年代の女性であれば、学生時代ではもっと女子学生の数が少なかったことを忘れてはならない。

第二に、少し前の女子学生においては、そもそも社会で働こうとする人が少なかったし、特に学問の世界を目指す女性は少なかったので、女性の大学院進学は非常に少なかった。したがって教授に登用しようにも候補者が少なかったし、東大・京大には優秀な男性の研究者予備軍が目白押しだったので、あえて女性を採用する必要もなかった。

第三に、とはいえ時代は進み、女性をもっと社会で活用すべしという声が強くなったし、女性側にも性差別排除への意識が高まって、男性との平等処遇を求めるようになった。大学教授という専門職を希望する女性が増加したことにより、多くの大学で女性教員をもっと雇用したいという雰囲気が高まっている。東大・京大も例外ではなく、女性教員を積極的に採用する方針を打ち出しているが、並みいる男性の優秀な研究者・研究者予備軍との競争があるので、そう容易なことではない。現在でも大学院生の性比に注目すると、女性の比率は上昇しているとはいえまだ少数派なので、将来はそう楽観的ではない。

経済学者として有名だったハーバード大学の学長、ローレンス・サマーズがハーバード大学に女性教授の少ないことが批判されたとき、「女性は研究者には向かない」と答えて、結局辞任に追い込まれた事件が10年ほど前にあった。私は能力的にこのようなことはないと思うし、その証拠に現代の日本では小・中学生の学力は、女子の方が男子より少し高いということがある。

ただ女性には出産・子育て、それに多くは家事までということがあるので、一生涯を研究の没頭に捧げるという態勢にはない。現在教授として頑張っている女性のかなりの割合は、幸か不幸にして未婚の人が多いことがそれを物語っている。社会がこの女性のハンディを積極的に除去する政策を採用しない限り、東大・京大に女性教授が急速に増加するとは予想できない。

(4) 国際化の遅れ…世界中の大学をランキングする試みが数多くなされており、世界レ

ベルで大学を評価する時代になっている。文部科学省はこれらのランキングにおいて、日本の大学が１００位以内に入る数を10校にするという目標を掲げているように、教育界の関心は高い。

現在のところ１００位以内に入っているのは、タイムズ高等教育ランキング（２０１４―15）では東大が23位、京大が59位であり、上海交通大学のランキング（２０１４）では東大が21位、京大が26位、阪大が78位である。さすがに東大と京大の地位が高いが、本来ならばもっと高い位置にいるのではないか、という声は強い。もっとも２０１５―16年というごく最近のランキング（タイムズ・ハイヤー・エデュケーション）によると、東大が43位、京大が88位と順位を下げて評判になった。

なぜ日本のトップ大学が他国と比較して高くないのか、という理由を考えてみよう。そもそもこのような大学評価は、その大学に属する研究者の研究業績、その大学の教育環境、そして産学連携の現状、外国人教員と留学生比率などが考慮されている。日本では最後に示した国際化比率が特に低く、日本の大学のランキングを下げている要因の一つである。研究業績を基準にするのは当然のことであるが、英語以外の言語で書かれた研究書、論文についてはなかなか公平な評価ができず、英語で公表された研究の多い英語圏の大学が有利になることは否定できない。

研究業績の評価においても、質にこだわらずに公表論文の多寡《たか》にこだわるのか、それともノーベル賞、フィールズ賞（数学）、ラスカー賞（医学）といったように格別に優れた研究業績を示した人に与えられる賞を中心にしたトップ水準の質にこだわるのか、によってランキングはかなり変わってくる。

日本、あるいは東大や京大にとっての今後に期待するとすれば、次の二つが要件となる。第一は、国際化の推進である。これは教員、学生の双方について言えることであり、英語で論文を書くことと英語で教えることのできる教員を増やすことである。これは時間を要することなので、すぐに効果が出るものでもない。

てっとり早い方法は、英語をうまくこなせる優秀な外国人の教員を多く採用する策であるが、こういう人は日本の大学の給料の低さが原因で来てくれないことがある。今や日本の大学よりも高いランキングにあるアジアの大学の中では、たとえばシンガポールの大学のように、日本の大学よりも高い俸給を出しているので、競争上で不利になっている。逆に英語のうまい人の中には研究業績に見るべきもののないことがあるので、外国人の採用は日本では容易ではない。

第二は、日本の大学のランキングを上げるには、結局その大学の研究水準を上げることがもっとも明確な方法となる。しかも「サイエンス」や「ネイチャー」に論文を出せるような人が、スターとして評価の際のウエイトが高くなるので、トップ級の研究者を招くことが必要となる。7～8年ほど前に東大は、素粒子物理学の大家、村山斉《むらやまひとし》をアメリカのカルフォルニア大学から、彼の年齢と同じ普通の教授よりも3倍高く、かつ東大総長よりも高い給料で招聘《しようへい》したのである。

一方で京大は免疫学でノーベル賞候補の審良静男を阪大からの招聘に失敗したことはすでに述べた。日本の大学教員は必ずしも金銭報酬だけで行動する人ばかりではないが、アメリカのように研究者の業績に応じた報酬体系に近づけねばならないし、特に優秀な人を招聘するには破格の待遇が必要かもしれない。東大・京大は優秀な大学院生を抱えているので、研究能力の高い人にとって研究の場としては魅力の大学なのである。

あとは文部科学省が京大の山中伸弥にしたように、高い研究費の支給と多くの研究者の採用という支援も必要である。研究、特に自然科学の分野においては、人とお金が必要なのである。すべての研究者にそれを用意することは不可能なので、納得性の高い選別は避けられない。

（5）研究と教育の分断…国立大学を中心にして大学院大学化の進行したことはすでに述べた。

制度の変革を述べれば大学には大学院研究科とは別に研究所という組織があるが、これをどうするかの変革がなかった。大学院研究科は大学院と学部の教育を担当するし、専任の教員が所属している。しかし、研究所に所属する教員は大学院の教育を担当するが、学部の教育は原則として担当しない、という差がある。大学院大学化する前では、学部の教員は研究と教育を行なうが、研究所の教員は研究だけを行なうという区分があったのであり、大学院大学化によって大学院教育は両組織が共同で行なうようになった、と理解してよい。

そもそもなぜ国立大学、それも旧制大学からの古い伝統のある大学に学部と研究所という二つの組織が並存しているかといえば、戦後になって附置《ふち》研究所を新しく多く創設したからによる。緊急を要する重要なテーマの研究に励むために急遽《きゅうきょ》創設されたものが多い。例として、東大で1964（昭和39）年に設立された宇宙航空研究所（現在は東大から離れて文科省の管轄する宇宙科学研究所となっている）は、日本でロケット技術の開発が期待されたのでそれに応じた。

もう一つの例は京大で湯川秀樹がノーベル賞を受賞した記念として、1952（昭和27）年に物理学研究の拠点として基礎物理学研究所が創設された。現代でも有名な研究所として、東大の医科学研究所、地震研究所、京大の人文科学研究所、防災研究所、山中伸弥教授のiPS細胞研究所などを挙げておこう。

実は東大・京大を筆頭にして（すなわち研究所の数は圧倒的に東大と京大に多い）、国立の一流大学には附置研究所が多い。教育に時間を奪われずに、高度な研究に没頭してほしいという意図から、研究所がかなりの数創設されたのであろう。それに地震研究やiPS細胞研究などの例のように、人間社会を安全に、そして病気からの解放を目指す意味で非常に大切な研究なので、研究資金と人員を多く投じることを政府は決定したのである。さらに、湯川秀樹や山中伸弥といったノーベル賞学者の功績を祝い、かつ今後の発展にも期待したのである。

研究重視の研究所の姿勢に異存はないが、私が気にするのは研究所の研究成果を学部学生にも教えたり、知ってもらうような試みもあっていいのではないか、ということにある。研究所の教員はこれを大学院生に教えているで気にする必要ない、との判断もあるだろうが、東大や京大の学部生は優秀な素質を持っているのだから、それらに学部の頃から接することによって、将来の研究に役立つことがありそうである。研究所の教員でも学部の教育に関心の高い人はいるのである。

私個人は京大の経済研究所にいたが、学部教育をしたいので意図的に進んで学部の教育に関与した人間なのである。やや極論すれば、研究所の廃止によって、その施設と人員を大学院研究科に合併させるということになる。

大学院大学化以前においては、同じ大学でも研究所は学部よりも格下と見なされていた。学部は旧帝大以来の歴史と伝統を誇るし、学部生を教えることに自負を感じていた。学部の優位は学長はほとんど学部所属の教授の中から選出されていたことでわかる。同じ研究分野であれば研究所から学部に移籍する人はいたが、逆の移籍はさほどなかったことなどからわかる。大学院大学化が実行されようとしていた20年ほど前、文部科学省は国立大学の研究所を再編しようとした。研究業績の低いところや時代にそぐわない研究をしている研究所の廃止や統合を目論《もくろ》んだが、ごく一部で成功したにすぎなかった。

私の個人的な案は、大学院研究科（旧学部）と研究所の統合策である。象徴的には、京大や一橋大には経済学部と経済研究所が並立しているが統合は困難ではない。他の分野においても工夫をすれば統合可能なケースは非常に多い。統合後は、研究に優れた人はより研究に励み、教育に優れた人はより教育に励むことができるような研究・教育体制にすることがあってよい。

(6) 政府とメディアへの過剰な関与…学者が政府の審議会の委員になったり、新聞・テレビ・雑誌などのメディアに出ることは、基本は研究と教育以外の副業と見なされる。中央のみならず地方の政府は審議会を設けて、専門家の学識を聞いてごく表面的な「お墨付きを頂く」という政策決定を根拠にしているが、学者の審議会への参加は、和田秀樹『東大の大罪』によると御用学者にすぎないと批判される。メディアへの進出も、学者の自説を宣伝したいための道具として用いているとか、顔を売りたいための手段にすぎないと批判される。根底には学者の本分は研究と教育なのだからアルバイトをするな、という思想である。

東大と京大の教授が審議会とメディアにどれだけ進出しているかを示したのが**表6－2**である。まず審議会委員であるが、トップ10のうち東大がダントツの1位である。京大は4位で少し低いが、他の多くの大学との比較の中では多い委員数である。なお2位と3位が早慶であることから、東大を含めて東京にある大学の教授が

表6−2　審議会委員の大学教員とメディアへの発信度

審議会委員の大学教員

	大学	人
1	東京大	406
2	慶應義塾大	125
3	早稲田大	116
4	京都大	110
5	東北大	70
6	一橋大	66
7	日本大	64
8	大阪大	62
9	名古屋大	56
10	筑波大	51
	中央大	51

メディアへの発信度 大学(2010〜2014年)

	大学	点
1	東京大	6,057.9
2	慶應義塾大	3,014.9
3	京都大	2,660.5
4	早稲田大	2,455.4
5	明治大	1,663.7
6	学習院大	951.6
7	大阪大	911.0
8	北海道大	893.7
9	法政大	847.3
10	一橋大	828.4

出所：朝日新聞出版『大学ランキング』2016

審議会に呼ばれることが多いし、いわゆる有名大学の優位が読み取れる。

次はメディア進出度であるが、2010—14年という5年間の累積で東大がダントツのトップ、次いで慶應大、京大、早稲田大と続き、上位四大学は奇《く》しくも審議会と同じ大学である。日本のメディア関係は東京に集中しているので東京の学者が優位にあるのは自然であるが、審議会ほどの東京優位にはなりにくい。審議会に出席するには東京に行かねばならなく、旅費の工面や交通に要する時間のことで東京優位はあるが、マスコミはインターネットの発達により、テレビ出演を除いて東京優位は絶対的なものではない。

東大・京大の教員がなぜこうも審議会やメディアで人気が高いのであろうか。専門分野で一流の業績を示しているだろうという社会での判断（ないし幻想）があるので、興味深くかつ役に立つ話や文章が期待できるということがある。声を掛ける側からの動機としては東大教授・京大教授という肩書は説得力があるし、一般の人もなんとなくそういう人に信頼を持つことがある。

京大出身の経済学者・森嶋通夫の言葉、「自分の嫌いなのは東大、巨人、岩波、NHKだ」と見方によっては嫌味の「本屋で本を選ぶとき、まず見るのは著者の出身大学と現職であり、それが東大と京大なら安心する」の二つは、この間の事情をうまく説明している。後者は、東大・京大関係者なら大丈夫だという感覚の代弁であり、前者は権威に弱いという批判を京大側から発したものと解釈できる。

一時期京大関係者ばかりがノーベル賞を受賞し、東大はいなかった頃に、東大は御用学者になるかメディアに出過ぎているので、研究が疎《おろそ》かになるからだという言説がよく用いられた。京大側からもこの声が出たことがあったが、半分は自分たちが東大教授と比較すると審議会やメディアから排除されている、あるいはすでに見たように京大の外部資金獲得額は東大より劣位にあり、これも大企業が東京に多いからだ、という恨みの本音という解釈もあった。

この問題に関する私の立場は次のとおりである。審議会やメディアへの登場は、学者の役割として研究・教育ほどの重要性はないが啓蒙《けいもう》という意義もあるので、少しくらいはこのような活動をしてよい。しかし研究・教育を犠牲にしてはならないので、節度のある自覚と態度が必要である。

以上をまとめると、東大・京大は日本を代表する大学として、研究と教育の両面で大きな貢献が今後も期待されるし、そうでないと日本の進歩はないということさえいえる。ここ最近に東大は五神真《ごのかみまこと》、京大は山極寿一《やまぎわじゆいち》という新総長が誕生した。五神は東大を「知のプロフェッショナル」として目標をおき、山極は京大を「WINDOW構想の下でコミュニケーション能力の強化」を打ち出している。両大学の総長ともに国際化の充実を必要としている。国際化の遅れが日本の大学が国際的に見てランキングの低い最大の理由となっているので、今後の課題として真っ当《まとう》である。日本の指導的な大学を目指す目標としては正しいものがある。

あとがき

日本を代表する大学である東大と京大をあらゆる側面から評価して、両大学の学生、教員、卒業生、そして教育のやり方などをさまざまな視点から比較してみた。その評価と比較は創立当時から現代までという長い期間にわたったが、最大の関心は現代での評価である。

両大学は名門大学として日本で指導的な役割を演じた人を卒業生として、それこそ数多く輩出してきたことがわかったと思う。しかし両大学ではどういう分野で活躍するかに注目すれば、かなりの差のあることも興味の視点であったし、その差が何によって発生したかを読者が読み取っていただければ、著者としての喜びがある。

実はこの両大学の絶対的優位は、他の優良大学（たとえば他の旧帝国大、一橋大、東工大、早慶両大学）からの果敢な挑戦を受けて、少し低下しているのが現代の姿でもある。なぜ両大学の地位がやや低下したのか、東大の象徴は首相の数の激減と作家の世界における凋落である。京大は昔ほど学問の世界で輝いておらず、東大に少し差を付けられている。両大学の直面する課題を述べてみた。

逆に他の大学が有力な競争者として登場する時代になったのかについても、やや詳しく論じたつもりである。たとえば一橋大や慶應大の卒業生がビジネス界での活躍が目立っている。経営者の世界ではどの大学で学んだかよりも、その人々がどのような実績を挙げて、どれだけ活躍するかで昇進が決まるので、結果として一橋大生や慶應大生がビジネス界に向いていたということになろうか。

東大・京大に関しては、『東京大学　エリート養成機関の盛衰』『京都三大学　京大・同志社・立命館　東大・早慶への対抗』（ともに岩波書店）という書物を出版したので、両大学の知識をかなり持っていた。本書においてもその知識（特に歴史的な事実の記述）を一部借りた部分がある。具体的には前著の一部を引用したところがあり、転載を許可された岩波書店に感謝する。

本書の主たる関心と目的は現状を克明に分析して比較することにあるので、現代の学生と教授陣、そして卒業生の活躍度が中心話題である。そして教育方法の差、増加する女子学生と女性教授陣のこと、卒業生が自校をどう思っているか、今後の両大学の進む道などの叙述に努めた。

最後に、本書の出版を勧められ、よい編集作業をされた祥伝社の磯本美穂さんに感謝したい。本書に含まれているかもしれない誤謬や、意見・主張に関する点はすべて著者の責任であることを述べておきたい。

参考文献

天野郁夫（2005）『学歴の社会史―教育と日本の近代』平凡社ライブラリー
伊東乾（2008）『バカと東大は使いよう』朝日新書
井上寿一（2003）「吉田茂」御厨貴編『歴代首相物語』新書館 pp.154-161.
潮木守一（1997）『京都帝国大学の挑戦』講談社学術文庫
京都大学百年史編集委員会編（1998）『京都大学百年史 総説編』京都大学後援会
小林哲夫（2009）『東大合格者高校盛衰史―六〇年間のランキングを分析する』光文社新書
新村出（1956）「五十年前の回想」京都大学文学部編（1956）426―429頁
竹内洋（1999）『学歴貴族の栄光と挫折』（日本の近代一二）中央公論新社
武田知己（2003）「近衛文麿」御厨貴編『歴代首相物語』新書館 pp.118-123.
橘静二（1918）「第三高等学校」『大学及大学生』五月号、進文館
立花隆（2004）『東大生はバカになったか―知的亡国論＋現代教養論』文春文庫
立花隆（2005）『天皇と東大―大日本帝国の生と死 上下』文藝春秋
橘木俊詔（2008）『早稲田と慶応―名門私大の栄光と影』講談社現代新書

橘木俊詔（2009）『東京大学　エリート養成機関の盛衰』岩波書店
橘木俊詔（2010）『灘校―なぜ「日本一」であり続けるのか』光文社新書
橘木俊詔（2011a）『京都三大学　京大・同志社・立命館　東大・早慶への対抗』岩波書店
橘木俊詔（2011b）『女性と学歴　女子高等教育の歩みと行方』勁草書房
橘木俊詔（2013）『宗教と学校』河出書房新社
橘木俊詔（2014a）『学歴入門』河出書房新社
橘木俊詔（2014b）『ニッポンの経済学部』中公新書ラクレ
橘木俊詔（2015a）『日本のエリート　リーダー不在の淵源を探る』朝日新書
橘木俊詔（2015b）『フランス産エリートはなぜ凄いのか』中公新書ラクレ
橘木俊詔（2015c）『経済学部タチバナキ教授が見たニッポンの大学教授と大学生』東洋経済新報社
橘木俊詔・迫田さやか（2013）『夫婦格差社会　二極化する結婚のかたち』中公新書
橘木俊詔・森剛志（2005）『日本のお金持ち研究』日本経済新聞社
橘木俊詔・森剛志（2009）『新・日本のお金持ち研究』日本経済新聞出版社

寺崎昌男（2007）『東京大学の歴史―大学制度の先駆け』講談社学術文庫
東京大学百年史編集委員会編（1984〜87）『東京大学百年史（全10巻）』東京大学出版会
土田宏成（2003）「加藤高明」御厨貴編『歴代首相物語』新書館　pp.76-81.
藤田正勝（2007）『西田幾多郎―生きることと哲学』岩波新書
牧原出（2003）「池田勇人」御厨貴編『歴代首相物語』新書館　pp.184-191.
山室信一（1984）『法制官僚の時代―国家の設計と知の歴程』木鐸社
湯川・朝永生誕百年企画展委員会編（2008）『新編　素粒子の世界を拓く―湯川・朝永から南部・小林・益川へ』京都大学学術出版会
読売新聞教育取材班（2008）『東大解剖―教育ルネサンス』中央公論新社
J・M・ラムザイヤー（2009）「日本における司法権の独立―実証研究の結果と意義」棚瀬孝雄編『司法の国民的基盤―日米の司法政治と司法理論』第六章、189〜206頁、日本評論社
若槻礼次郎（1950）『古風庵回顧録―若槻礼次郎自伝』読売新聞社
渡辺一男編著（1956）『師・友・読書』河山書房
和田秀樹（2013）『東大の大罪』朝日新書

切りとり線

★読者のみなさまにお願い

この本をお読みになって、どんな感想をお持ちでしょうか。祥伝社のホームページから書評をお送りいただけたら、ありがたく存じます。今後の企画の参考にさせていただきます。また、次ページの原稿用紙を切り取り、左記まで郵送していただいても結構です。

お寄せいただいた書評は、ご了解のうえ新聞・雑誌などを通じて紹介させていただくこともあります。採用の場合は、特製図書カードを差しあげます。

なお、ご記入いただいたお名前、ご住所、ご連絡先等は、書評紹介の事前了解、謝礼のお届け以外の目的で利用することはありません。また、それらの情報を6カ月を越えて保管することもありません。

〒101-8701（お手紙は郵便番号だけで届きます）
祥伝社新書編集部
電話03（3265）2310
祥伝社ホームページ http://www.shodensha.co.jp/bookreview/

★本書の購買動機（新聞名か雑誌名、あるいは○をつけてください）

＿＿＿＿新聞の広告を見て	＿＿＿＿誌の広告を見て	＿＿＿＿新聞の書評を見て	＿＿＿＿誌の書評を見て	書店で見かけて	知人のすすめで

★100字書評……東大VS京大

名前

住所

年齢

職業

橘木俊詔　たちばなき・としあき

1943年、兵庫県生まれ。小樽商科大学卒、大阪大学大学院修士課程修了、ジョンズ・ホプキンス大学大学院博士課程修了（Ph.D.）。京都大学教授、同志社大学教授などを経て、現在、京都女子大学客員教授、京都大学名誉教授。専門は労働経済学、公共経済学。著書に『格差社会　何が問題なのか』『日本の教育格差』『新しい幸福論』（いずれも岩波新書）、『早稲田と慶応』（講談社現代新書）、『公立VS私立』（ベスト新書）など多数。

東大《とうだい》 VS 京大《きょうだい》

その“実力”を比較する

橘木《たちばなき》 俊詔《としあき》

2016年9月10日　初版第1刷発行

発行者……………辻 浩明

発行所……………祥伝社しょうでんしゃ

〒101-8701　東京都千代田区神田神保町3-3

電話　03(3265)2081(販売部)

電話　03(3265)2310(編集部)

電話　03(3265)3622(業務部)

ホームページ　http://www.shodensha.co.jp/

装丁者……………盛川和洋

印刷所……………萩原印刷

製本所……………ナショナル製本

Printed in Japan　ISBN978-4-396-11479-4　C0237

〈祥伝社新書〉
話題のベストセラー！

379
国家の盛衰
3000年の歴史に学ぶ
覇権国家の興隆と衰退から、国家が生き残るための教訓を導き出す！
上智大学名誉教授 渡部昇一
早稲田大学特任教授 本村凌二

371
空き家問題
1000万戸の衝撃
毎年20万戸ずつ増加し、二〇二〇年には1000万戸に達する！　日本の未来は？
不動産コンサルタント 牧野知弘

412
逆転のメソッド
箱根駅伝もビジネスも一緒です
箱根駅伝連覇！　ビジネスでの営業手法を応用したその指導法を紹介
青山学院大陸上競技部監督 原　晋

420
知性とは何か
日本を襲う「反知性主義」に対抗する知性を身につけよ。その実践的技法を解説
作家・元外務省主任分析官 佐藤　優

440
日韓　悲劇の深層
「史上最悪の関係」を、どう読み解くか
評論家 西尾幹二
拓殖大学国際学部教授 呉　善花